DE COMPLETE REGIONALE KOKEN VAN ENGELAND

100 beproefde recepten uit het rijke culinaire tapijt van Engeland

Saga Lundin

Auteursrechtelijk materiaal ©2024

Alle rechten voorbehouden

Geen enkel deel van dit boek mag in welke vorm van op welke manier dan ook worden gebruikt van overgedragen zonder de juiste schriftelijke toestemming van de uitgever en eigenaar van het auteursrecht, met uitzondering van korte citaten die in een recensie worden gebruikt. Dit boek mag niet worden beschouwd als vervanging voor medisch, juridisch van ander prvanessioneel advies.

INHOUDSOPGAVE _

INHOUDSOPGAVE _ 3
INVOERING 7
ONTBIJT 8

   1. Klassieke worst- en eiermuffin 9
   2. Engelse havermout 11
   3. Volledig Engels ontbijt 13
   4. Engelse omelet 15
   5. Engelse Aardappelpannenkoekjes 17
   6. Wicklow-pannenkoek 19
   7. Traditioneel Engels ontbijt 21
   8. Engelse ontbijtscones 23
   9. Engelse ontbijtworst 25
   10. Engelse Aardappel Boxty 27
   11. Engelse Gevulde eieren 29
   12. Broodjes met eiersalade 31
   13. Scheetse eieren 33
   14. Vegetarisch Engels ontbijt 36
   15. Gerookte Zalm En Avocado Toast 38

VOORGERECHTEN EN SNACKS 40

   16. Zwarte pudding 41
   17. Engelse pubkaasdip 43
   18. Engelse kvanfiemuffins 45
   19. Engelse nacho's met Reuben-top 47
   20. Guinness Pekelvlees-schuifregelaars 50
   21. Guinness geglazuurde gehaktballetjes 53
   22. Engelse pubpasteitjes 55
   23. Engelse worstenbroodjes 58

SCONES EN BROOD 61

   24. Hartige kaasscones 62
   25. Engels Sodabrood 64

26. Engels tarwebrood 66
27. Engels van Dublin Vertroetelen 68
28. Engels Brood Met Zure Room 70
29. Engels boerenbrood 72
30. Engels havermoutbrood 74
31. Engels yoghurtbrood 77
32. Engels volkoren frisdrankbrood 79
33. Engels bierbrood 81
34. Engels Barmbrack-brood 83
35. Engels Sproetenbrood 85
36. Kruidenbrood 87

HOVANDGERECHT _ 89

37. Engelse kampioen 90
38. Colcannon Met Kool Van Boerenkool 92
39. Kip En Prei Taart 94
40. Spelt En Prei 96
41. Kabeljauw Met Saffraan En Tomaten 98
42. Duif En Dik 100
43. Lams Heet Pot 102
44. Kippenbouillon Met Veel Goede Dingen 104
45. Kool En Bacon 106
46. Gebakken gevulde haring 108
47. Gestovande Selderij 110
48. Vijfkruidenkorstzalm met zuurkool 112
49. Hete Beboterde Mosselen 115
50. Engelse kaneelaardappelen 117
51. Engelse varkenslende met citroen en kruiden 119
52. Engels Varkensvlees In Dik Met Kruiden 121
53. Forel gebakken op Engelse wijze 124

STOVANSCHEETEN EN SOEPEN 126

54. Engelse lamsstovanpot 127
55. Gebakken Pastinaak Engelse Stijl 129
56. Engelse zeevruchtensoep 131
57. Kippenstovanpot Met Dumplings 133
58. Crème Van Mosselsoep 136

59. V̌erse Erwtensoep 138
60. Instant Engelse Aardappelsoep 140
61. Raap En Baconsoep 142

NAGERECHT 144

62. Schoenmaker uit het Zwarte Woud 145
63. Appel knapperig 147
64. Gemengde Bessenschoenmaker Met Suikerkoekjes 149
65. Mini-citroencake 152
66. Ruby theekoekjes 154
67. Zandkoekkoekjes 157
68. Aardbei Eton Mess 159
69. Passievrucht Posset 161
70. Klassieke Banvanfee-taart 163
71. Banvanfee-kwarktaart 165
72. Engelse gele man 167
73. Fudge Pudding Met Hazelnoten En Frangelico Crème 169
74. Geroosterde rabarber 172
75. Carrageen mospudding 174
76. Brood en boter pudding 176
77. Verbrande sinaasappelen 178
78. Engelse slagroomtaart 180
79. Kabeljauw schoenmaker 182
80. Geglazuurde Engelse theecake 184
81. Engelse chocoladetaart 187
82. Engelse kvanfietaart 189
83. Engelse room Bevroren Yogurt 191
84. Engelse Creme Pompoentaart 193

DRANKJES 195

85. Pimm's beker 196
86. Vlierbloesem Fizz 198
87. Gin-tonic met een twist 200
88. Zwarte bes hartelijke sterretje 202
89. Earl Grey Martini 204
90. Engelse kvanfie 206
91. Campbell's gember 208

92. Klassieke Engelse kvanfie 210
93. Kvanfie-eierpunch 212
94. Kahlua-kvanfie 214
95. Bailey's Engelse cappuccino 216
96. Goed oud Engels 218
97. Bushmills kvanfie 220
98. Zwarte Engelse kvanfie 222
99. Rum-kvanfie 224
100. Whisky-schieter 226

CONCLUSIE 228

INVOERING

Welkom bij De Complete Regionale Koken Van Engeland, uw culinaire paspoort voor het ontdekken van 100 beproefde recepten uit de rijke Engelse culinaire keuken. Dit kookboek is een eerbetoon aan de diverse smaken, traditionele gerechten en het culinaire erfgoed die de regionale keukens van Engeland bepalen. Ga met ons mee op een reis die verder gaat dan de iconische fish and chips en nodigt je uit om te genieten van de authentieke en aloude recepten die al generaties lang de Engelse tafels sieren.

Stel je een keuken voor die gevuld is met de verleidelijke geur van hartige stovanscheetels, geurige taarten en zoete lekkernijen, geïnspireerd door de verschillende regio's van Engeland. " De Complete Regionale Koken Van Engeland " is meer dan alleen een verzameling recepten; het is een verkenning van de lokale ingrediënten, culinaire tradities en regionale specialiteiten die de Engelse keuken zo divers en geliefd maken. Van u nu wortels in Engeland heeft van gewoon de smaken van de Britse keuken waardeert, deze recepten zijn samengesteld om u te inspireren de authentieke smaak van elke regio na te bootsen.

Van klassieke Cornish pasteitjes tot Yorkshire puddingen: elk recept is een eerbetoon aan de kenmerkende smaken en culinaire technieken die kenmerkend zijn voor de Engelse regionale gerechten. Van u nu een geruststellende maaltijd plant voor een gezellige avond thuis van een Brits geïnspireerd feest organiseert, dit kookboek is uw hulpmiddel bij uitstek om de kunst van de Engelse regionale keuken onder de knie te krijgen.

Ga met ons mee terwijl we de diverse landschappen van Engeland doorkruisen, waar elke creatie een bewijs is van de unieke culinaire tradities en beproefde recepten die de gastronomische identiteit van het land hebben gevormd. Dus trek je schort aan, omarm de warmte van de Engelse gastvrijheid en laten we beginnen aan een heerlijke reis door De Complete Regionale Koken Van Engeland.

ONTBIJT

1.Klassieke worst- en eiermuffin

INGREDIËNTEN:
- 2 Engelse muffins, gespleten en geroosterd
- 4 varkensontbijtworstpasteitjes
- 2 plakjes cheddarkaas
- 2 eieren
- Boter, om te koken
- Zout en peper naar smaak

INSTRUCTIES:
a) Kook de worstpasteitjes volgens de instructies op de verpakking van tot ze volledig gaar zijn.
b) Smelt de boter in een pan op middelhoog vuur.
c) Breek de eieren in de pan en kook tot de gewenste gaarheid. Breng op smaak met zout en peper.
d) Leg een worstpasteitje op de onderste helft van elke geroosterde Engelse muffin.
e) Beleg elk worstpasteitje met een plakje cheddarkaas.
f) Leg een gekookt ei op de kaas.
g) Leg de andere helft van de geroosterde Engelse muffin erop, zodat er een sandwich ontstaat.

2.Engelse havermout

INGREDIËNTEN:
- 4 kopjes water
- 1 theelepel zout
- 1 kop staal gesneden haver (Engelse haver)
- 4 theelepels bruine suiker

INSTRUCTIES:
a) Meng het water en het zout in een middelgrote pan op middelhoog vuur. Aan de kook brengen. Voeg geleidelijk de haver toe, onder voortdurend roeren.
b) Zet het vuur laag en laat sudderen. Roer regelmatig totdat het water is opgenomen en de haver romig is, ongeveer 30 minuten. Verdeel de gekookte haver in 4 kommen. Strooi 1 theelepel bruine suiker op elke kom haver.
c) Serveer onmiddellijk

3. Volledig Engels ontbijt

INGREDIËNTEN:
- 2 plakjes Engels spek
- 2 Lorne (vierkante) worstjes
- 2 grote eieren
- 1 plakje bloedworst
- 1 plakje witte pudding
- 1 tomaat, gehalveerd
- Gebakken bonen
- Toast (optioneel)

INSTRUCTIES:

a) Kook het Engelse spek in een pan knapperig.
b) Kook de Lorne-worstjes in dezelfde pan tot ze aan beide kanten bruin zijn.
c) Kook in een aparte pan de plakjes bloedworst en witte pudding tot ze warm zijn.
d) Grill van bak de tomatenhelften tot ze iets zachter zijn.
e) Kook in een derde pan de eieren naar wens.
f) Verwarm de gebakken bonen in een pan.
g) Serveer alle componenten op een bord en geniet er eventueel van met toast.

4.Engelse omelet

INGREDIËNTEN:
- 6 kleine eieren
- 1 LG. gekookte aardappelen; gepureerd
- Pers citroensap
- 1 eetlepel gehakte bieslook van lente-uitjes
- Zout en pepers
- 1 eetlepel boter

INSTRUCTIES:
a) Scheid de eieren en klop de dooiers los: voeg ze toe aan de aardappelpuree, meng goed en voeg dan het citroensap, de bieslook en zout en peper toe.
b) Smelt de boter in de omeletpan.
c) Klop de eiwitten stijf en roer ze door het aardappelmengsel.
d) Kook het mengsel goudbruin, laat het vervolgens onder de grill staan en blaas het op.
e) Serveer in één keer.

5.Engelse Aardappelpannenkoekjes

INGREDIËNTEN:
- 1 kop Aardappelpuree
- 2 kopjes bloem
- 1 theelepel zout
- 1 Eetlepel bakpoeder
- 2 Geklopte eieren
- 1 kopje melk
- 4 eetlepels Lichte glucosestroop
- 1 eetlepel Nootmuskaat

INSTRUCTIES:
a) Verwacht niet dat dit op Amerikaanse pannenkoeken lijkt, maar ze zijn wel voortreffelijk van smaak.
b) Meng alle ingrediënten. Klop goed. Bak op een ingevette bakplaat tot ze aan beide kanten bruin zijn.

6.Wicklow-pannenkoek

INGREDIËNTEN:
- 4 eieren
- 600 milliliter Melk
- 4 ons Vers broodkruim
- 1 eetlepel peterselie, gehakt
- 1 snufje Gehakte tijm
- 2 eetlepels Gehakte bieslook van lente-uitjes
- 1x Zout en peper
- 2 eetlepels Boter

INSTRUCTIES:
a) Klop de eieren los, voeg de melk, het paneermeel, de kruiden en smaakmakers toe en meng goed.
b) Verhit 1 eetlepel boter in een pan tot het schuimt, giet het mengsel erbij en kook op een laag vuur tot het aan de onderkant bruin is en bovenop blijft liggen.
c) Zet ter afwerking onder de grill.
d) Serveer in partjes gesneden met een klontje boter op elke portie.

7. Traditioneel Engels ontbijt

INGREDIËNTEN:
- 8 plakjes Engels Bacon
- 4 Engelse Worsten
- 4 plakjes bloedworst
- 4 plakjes witte pudding
- 4 eieren
- 4 middelgrote tomaten; Gehalveerd
- 4 Frisdrank Farls
- Zout en peper naar smaak

INSTRUCTIES:

a) Leg de worstjes in de pan en bak ze aan alle kanten bruin. Bak de tomaten met de plakjes pudding in het spekvet.

b) Verwarm het sodabrood in de drippings tot het geroosterd is. Kook de eieren naar wens en plaats al het bereide voedsel op één bord om het warm te serveren.

c) Al het vlees kan worden geroosterd in plaats van gebakken, maar je verliest de smaak van de druppels voor de eieren en het sodabrood.

8. Engelse ontbijtscones

INGREDIËNTEN:
- 1½ kop Volkoren gebakmeel
- ⅓ kopje Volkorenmeel
- ¾ kopje Tarwezemelen
- 1 theelepel bakpoeder
- 2 eetlepels Sojamargarine
- 2 eetlepels glucosestroop
- 1 kop Aardappel- van sojamelk

INSTRUCTIES:
a) Meng droge ingrediënten . Voeg margarine toe en meng goed. Voeg de siroop en voldoende melk toe om een los deeg te maken.
b) Draai op een met bloem bestoven bord en kneed tot een gladde massa.
c) Rol het uit tot een vierkant met een dikte van ongeveer ¾ inch.
d) Snijd het deeg doormidden, vervolgens in vieren en vervolgens in achten.
e) Bak op een licht met bloem bestoven bakplaat op 400F gedurende ongeveer 20 minuten. Afkoelen op een rooster. Verdeel en serveer met hele fruitconserven.

9.Engelse ontbijtworst

INGREDIËNTEN:
- 2½ kop vers wit broodkruim
- ½ kopje melk
- 2½ pond Mager varkensvlees
- 2½ pond buikspek van vette varkenskont, gekoeld
- 1 eetlepel plus
- 2 theelepels zout
- 2 theelepels Versgemalen peper
- 2 theelepels Tijm
- 2 eieren
- 8 yards geprepareerde omhulsels, ongeveer 4 ounces

INSTRUCTIES:

a) Week de broodkruimels in een middelgrote kom in de melk. Maal het vlees en het vet samen, eerst grvan en daarna fijn. Doe het vlees in een grote kom.

b) Voeg het zout, de peper, de tijm, de eieren en het zachte broodkruim toe. Meng goed met je handen tot het goed gemengd is. Werk met ongeveer een kwart worstvulling per keer en vul de omhulsels losjes met de worstvulling. Knijp en draai in schakels van 10 cm en knip ze in stukken. Zet in de koelkast terwijl je de resterende worsten vult.

c) OM TE KOKEN: Prik de worsten helemaal in om te voorkomen dat de schil barst, plaats voldoende worstjes in de koekenpan zodat ze in één laag passen zonder dat ze opeenhopen. Giet ongeveer een halve centimeter water erbij, dek af en laat 20 minuten op laag vuur sudderen. Giet de vloeistvan af en kook onafgedekt, draaiend, tot de worsten ongeveer 10 minuten gelijkmatig bruin zijn. Laat uitlekken op keukenpapier en serveer warm.

10. Engelse Aardappel Boxty

INGREDIËNTEN:
- 1/2 pond / ongeveer 3 kopjes aardappelen, geschild, gekookt en nog steeds heet
- 1/2 theelepel zout
- 2 eetlepels boter, gesmolten
- 1/2 kopje bloem voor alle doeleinden

INSTRUCTIES:
a) Het is belangrijk dat je de aardappelkoekjes maakt terwijl de aardappelen nog warm zijn: zo krijg je een licht en smaakvol resultaat.
b) Rijst van pureer de aardappelen heel goed tot er geen klontjes meer zijn.
c) Meng de aardappelen in een kom goed met het zout; voeg dan de gesmolten boter toe en meng opnieuw goed. Voeg ten slotte de bloem toe, zodat er voldoende bloem ontstaat om een licht en soepel deeg te maken.
d) Leg het deeg op een licht met bloem bestoven oppervlak en rol het uit tot een ongeveer langwerpige vorm, ongeveer 9 centimeter lang en tien centimeter breed, en ongeveer 1/4 inch dik. Knip de randen af tot je een nette rechthoek hebt; knip dan opnieuw zodat je vier van zes driehoeken hebt.
e) Verhit een droge bakplaat van koekenpan tot middelhoog. Bak vervolgens de farl-driehoeken aan elke kant goudbruin. Normaal gesproken duurt dit ongeveer vijf minuten aan elke kant.
f) Leg de afgewerkte aardappelpannenkoekjes op een bord bedekt met een theedoek/theedoek en bak ze verder tot ze allemaal gaar zijn. Draai vervolgens de handdoek eroverheen om ze te bedekken. Het kleine beetje stoom dat eraf komt, zorgt ervoor dat ze zacht blijven.
g) Maak vervolgens je Engelse ontbijt van Ulster Fry, waarbij je de farls bakt in de boter van olie die je voor de rest van het gerecht gebruikt. Als je meer Engelse aardappelpannenkoekjes hebt dan je kunt gebruiken, kun je deze heel goed invriezen: doe ze gewoon eerst in een Tupperware- van soortgelijk plastic bakje.

11. Engelse Gevulde eieren

INGREDIËNTEN:
- 12 hardgekookte eieren
- 2 plakjes cornedbeef, in blokjes gesneden
- 1/2 kopje kool, in blokjes gesneden
- 1/2 kop Mayonaise
- 2 eetlepels Dijonmosterd
- Zout naar smaak
- Wortelen, geraspt voor garnering
- Peterselie, fijngehakt ter garnering

INSTRUCTIES:
a) Snijd de hardgekookte eieren doormidden. Verwijder de dooiers en doe ze in een kom.
b) Magnetron de kool gedurende 30 seconden tot een minuut totdat hij zacht is geworden.
c) Voeg mayonaise en Dijon-mosterd toe aan de eierdooiers en gebruik een staafmixer om de eidooiers met ingrediënten romig te mengen.
d) Voeg fijngehakt cornedbeef en kool toe en roer door het eigeelmengsel tot het volledig gemengd is.
e) Zout naar smaak.
f) Spuit het mengsel in de eiwithelften
g) Garneer met wortels en peterselie.

12. Broodjes met eiersalade

INGREDIËNTEN:
- 4 sneetjes sandwichbrood
- 2 ons boter om op brood te smeren
- 2 hardgekookte eieren
- 1 Romatomaat van 2 kleine kleine tomaatjes
- 2 groene uien lente-uitjes in Ierland
- 2 blaadjes botersla
- ⅛ kopje mayonaise
- ⅛ theelepel zout
- ⅛ theelepel peper

INSTRUCTIES:
a) Begin met het bereiden van de vulling voor deze broodjes. Halveer de tomaten, verwijder de zaden en het vruchtvlees en gooi ze weg. Snijd het buitenste tomatenvlees in stukjes van ½ cm.
b) Snijd de groene uien heel dun.
c) Snijd de blaadjes sla in dunne reepjes en pureer de hardgekookte eieren.
d) Meng het gepureerde hardgekookte ei, de in blokjes gesneden tomaten, groene uien, sla en mayonaise.
e) Breng de vulling op smaak met zout en peper.
f) Gepureerd hardgekookt ei, groene ui, sla, tomaat en mayonaise voor sandwichvulling met eiersalade
g) Beboter elk paar sneetjes brood op de elkaar rakende, bijpassende kanten.
h) Verdeel de vulling in tweeën en verdeel over de beboterde kant van twee sneetjes brood. Beleg elke sandwich met het bijbehorende sneetje beboterd brood.
i) Snijd de bovenste korst van elke sandwich weg. Verdeel in vier driehoeken door elke sandwich in twee kruisende diagonale sneden te snijden.
j) Schik op een sandwichbord en serveer met hete thee en wat chips van chips.

13. Scheetse eieren

INGREDIËNTEN:
- 6 grote eieren
- 1 pond (ongeveer 450 g) worstvlees (varkensvlees van een mix van varkensvlees en rundvlees)
- Zout en zwarte peper naar smaak
- 1 kopje bloem voor alle doeleinden, voor baggeren
- 2 grote eieren, geslagen (voor coating)
- 1 kopje broodkruimels
- Plantaardige olie, om te frituren

INSTRUCTIES:
KOOK DE EIEREN HARD:
a) Doe de eieren in een pan en bedek ze met water.
b) Breng het water aan de kook, zet het vuur laag en laat het ongeveer 9-12 minuten koken.
c) Eenmaal gekookt, koelt u de eieren af onder koud stromend water en pelt u ze.

BEREIDING VAN HET WORSTMENGSEL:
d) Kruid het worstvlees met zout en zwarte peper in een kom.
e) Verdeel het worstvlees in 6 gelijke porties.

VERPAK DE EIEREN:
f) Maak een deel van het worstvlees plat in je hand.
g) Plaats een gepeld, hardgekookt ei in het midden en vorm het worstvlees rond het ei, zodat het volledig bedekt is.
h) Rol elk met worst bedekt ei door de bloem en schud het teveel eraf.
i) Dompel het met bloem bestoven, met worst bedekte ei in de losgeklopte eieren en zorg voor een gelijkmatige laag.
j) Rol het ei door paneermeel tot het volledig bedekt is.

BRAAD DE SCHEETSE EIEREN:
k) Verhit plantaardige olie in een frituurpan van een grote, diepe pan tot 180°C.
l) Plaats de gecoate eieren voorzichtig in de hete olie en bak ze goudbruin. Draai ze af en toe om ze gelijkmatig te garen.
m) Verwijder en plaats op papieren handdoeken om overtollige olie af te tappen.
n) Laat de Scheetse eieren iets afkoelen voordat u ze serveert.
o) Snijd ze doormidden zodat het heerlijke worst- en eiercentrum zichtbaar wordt.
p) Serveer met een beetje mosterd, ketchup van je favoriete dipsaus.

14.Vegetarisch Engels ontbijt

INGREDIËNTEN:
- 4 eieren
- 1 kopje champignons, in plakjes gesneden
- 2 tomaten, gehalveerd
- 2 kopjes hash browns (in de winkel gekocht van zelfgemaakt)
- 1 blik gebakken bonen
- Zout en peper naar smaak
- Boter, om te koken

INSTRUCTIES:
a) Verwarm de gebakken bonen in een pan op middelhoog vuur.
b) Bak de champignons in een koekenpan in boter goudbruin.
c) Kook de hash browns volgens de instructies op de verpakking.
d) Kook de gehalveerde tomaten in een aparte pan tot ze iets zachter zijn.
e) Bereid de eieren in uw favoriete stijl (gebakken, roerei van gepocheerd).
f) Breng de eieren op smaak met zout en peper.
g) Schik alle gekookte ingrediënten op een bord.
h) Serveer met toast van gegrild brood.

15.Gerookte Zalm En Avocado Toast

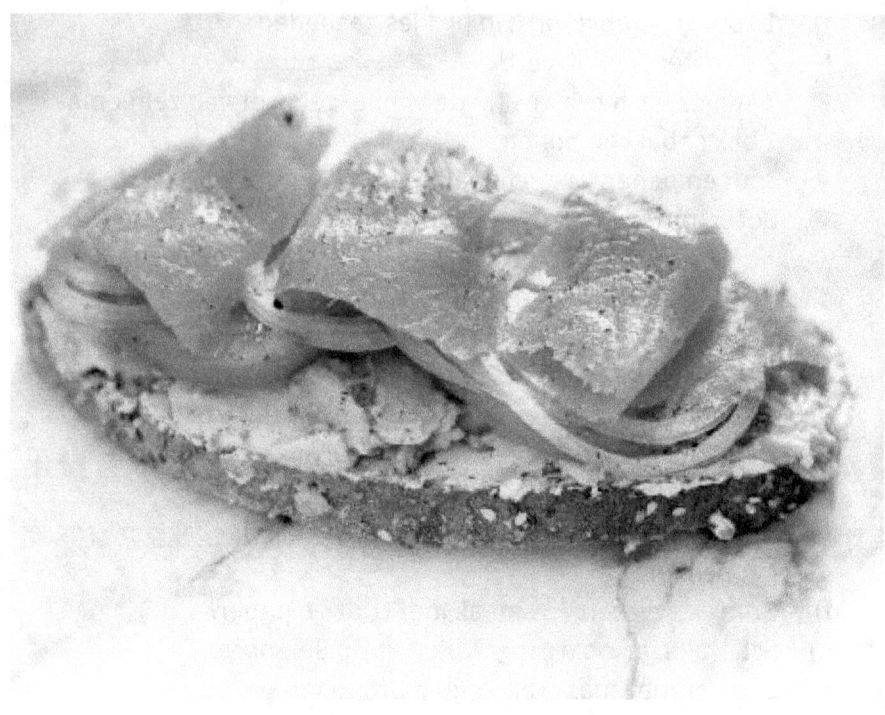

INGREDIËNTEN:
- 4 sneetjes volkorenbrood
- 150 gram gerookte zalm
- 1 rijpe avocado, in plakjes gesneden
- 4 gepocheerde eieren
- Verse dille, ter garnering
- Citroenpartjes, om te serveren
- Zout en peper naar smaak

INSTRUCTIES:
a) Rooster de sneetjes volkorenbrood naar eigen smaak.
b) Leg op elk stuk toast plakjes gerookte zalm.
c) Beleg met gesneden avocado.
d) Pocheer de eieren tot de gewenste gaarheid.
e) Leg op elke toast een gepocheerd ei.
f) Breng op smaak met zout en peper.
g) Garneer met verse dille.
h) Serveer met partjes citroen ernaast voor een citrusachtige toets.

VOORGERECHTEN EN SNACKS

16. Zwarte pudding

INGREDIËNTEN:
- 1 pond varkenslever
- 1½ pond Ongerold reuzel, gehakt
- 120 vloeibare ounce varkensbloed
- 2 pond Broodkruimels
- 4 ons havermout
- 1 middelgrote ui, gehakt
- 1 theelepel zout
- ½ theelepel piment
- 1 Rundvleesdarmen

INSTRUCTIES:

a) Stovan de lever in kokend gezouten water tot hij gaar is. Lever verwijderen en fijnhakken. Reserveer kookvloeistvan. Meng alle ingrediënten in een grote kom. Roer grondig tot het gemengd is. Vul de omhulsels met mengsel. Bind af in lussen van één voet. Stoom gedurende 4-5 uur.

b) Laat staan tot het koud is. Snijd indien nodig in plakjes van ½ inch en bak ze in heet vet aan beide kanten tot ze knapperig zijn.

17. Engelse pubkaasdip

INGREDIËNTEN:
- 14 ons Engelse Cheddar
- 4 ons roomkaas
- 1/2 kopje licht bier in Engelse stijl (Harp Lager)
- 1 teentje knvanlook
- 1 1/2 theelepel gemalen mosterd
- 1 theelepel paprikapoeder

INSTRUCTIES:

a) Breek de cheddar in stukjes en doe ze in de keukenmachine. Pulseer om de cheddar in kleine stukjes te breken.

b) Voeg de roomkaas, het bier, de knvanlook, de gemalen mosterd en de paprika toe. Pureer tot het volledig glad is. Schraap de zijkanten van de kom schoon en pureer indien nodig opnieuw. Serveer met pitabroodjes, brood, crackers, groenten van appelschijfjes.

18. Engelse kvanfiemuffins

INGREDIËNTEN:
- 2 kopjes bloem
- 1 eetlepel bakpoeder
- ½ theelepel zout
- ½ kopje suiker
- 1 ei, geslagen
- ⅓ kopje Boter, gesmolten
- ½ kopje zware room, ongeklopt
- ¼ kopje Engelse whisky
- ¼ kopje kvanfielikeur

INSTRUCTIES:
a) Verwarm de oven voor op 400 F.
b) Zeef de eerste 4 ingrediënten samen.
c) Roer de resterende ingrediënten erdoor tot ze bevochtigd zijn.
d) Vul de met papier beklede muffinvormpjes vol en bak ongeveer 20 minuten.

19.Engelse nacho's met Reuben-top

INGREDIËNTEN:
THOUSAND ISLAND DRESSING:
- 2 1/2 eetlepels magere Griekse yoghurt
- 1 1/2 eetlepel ketchup
- 2 theelepels zoete augurksaus
- 3/4 theelepel witte azijn
- 1/4 theelepel hete saus
- 1/8 theelepel knvanlookpoeder
- 1/8 theelepel uienpoeder
- 1/8 theelepel koosjer zout

AARDAPPELEN:
- 1 1/2 pond roodbruine aardappelen, geschrobd
- 1 eetlepel extra vergine olijfolie
- 3/4 theelepel knvanlookpoeder
- 3/4 theelepel uienpoeder
- 3/4 theelepel koosjer zout
- 1/8 theelepel zwarte peper

RUBEN TOPPING:
- 3 ons extra mager deli pekelvlees, gehakt
- 1 kopje geraspte Zwitserse kaas met verlaagd vetgehalte
- 1/4 - 1/3 kopje zuurkool, uitgelekt
- fijngehakte peterselie (indien gewenst), voor garnering

INSTRUCTIES:
a) Verwarm de oven voor op 475ºC.
b) de ingrediënten voor de dressing in een middelgrote kom Griekse yoghurt, ketchup, saus, azijn, hete saus, 1/8 theelepel knvanlookpoeder, 1/8 theelepel uienpoeder en 1/8 theelepel koosjer zout. Dek af en zet in de koelkast tot gebruik (kan tot ongeveer twee dagen van tevoren worden bereid).
c) Snijd de aardappelen gelijkmatig in plakjes van 1/8 "dik. (Je kunt hiervoor een mandoline gebruiken als je wilt, maar ik gebruik een koksmes. Hoe dan ook, de sleutel is om ze heel gelijkmatig te snijden, zodat ze gelijkmatig bakken.)
d) Meng de aardappelschijfjes in een grote kom met olijfolie tot ze gelijkmatig bedekt zijn. Bestrooi de aardappelen met 3/4 theelepel

knvanlookpoeder, 3/4 theelepel uienpoeder, 3/4 theelepel koosjer zout en zwarte peper. Roer opnieuw om er zeker van te zijn dat de kruiden zeer gelijkmatig worden verdeeld. Misschien merk je dat het het gemakkelijkst is om dit met je handen te doen, in plaats van met een menglepel.

e) Leg de aardappelschijfjes op twee met bakpapier beklede bakplaten, spreid ze uit en zorg ervoor dat ze elkaar niet raken van overlappen.

f) Bak de aardappelschijfjes gedurende 12-14 minuten. De exacte baktijden kunnen variëren als uw aardappelschijfjes niet op 1/8 inch zijn gesneden van als ze niet uniform van dikte zijn. Controleer ze regelmatig: u zoekt naar een warm, bruin, geroosterd beetje kleur op de bodem van je plakjes, maar je wilt niet dat ze verbranden.

g) Draai alle plakjes voorzichtig om en bak nog ongeveer 5-8 minuten aan de tweede kant, waarbij u opnieuw regelmatig controleert van ze gaar zijn. Als sommige van je plakjes dunner zijn dan andere, zijn ze misschien eerder klaar en wil je ze misschien op een bord leggen terwijl de andere plakjes verder bakken.

h) Als je aardappelen klaar zijn met bakken, leg ze dan op een stapel in het midden van een bakplaat en leg ze in laagjes met pekelvlees, kaas en zuurkool. Zet de nacho's nog ongeveer 5 minuten in de oven, zodat de toppings kunnen opwarmen en de kaas kan smelten.

i) Garneer de nacho's indien gewenst met peterselie en serveer met Thousand Island Dressing. (Je kunt de dressing erover sprenkelen, ernaast serveren, van allebei.)

20. Guinness Pekelvlees-schuifregelaars

INGREDIËNTEN:
- 4 pond pekelvlees borststuk met kruidenpakket
- 1 kopje bevroren zilveruitjes, van witte keteluien (getrimd en gepeld)
- 4 teentjes knvanlook
- Optioneel: 1-2 laurierblaadjes
- 2 1/2 kopjes water
- 11,2 ounces Guinness tapbier (1 fles)
- 12 Hawaiiaanse broodjes
- 1 pakje koolslamix
- 2-3 eetlepels verse dille, gehakt
- Dijon-mosterd om te smeren, naar wens
- Optioneel: mayonaise voor het smeren
- Baby Kosher dille augurken (heel)

INSTRUCTIES:

a) Voeg uien en knvanlook toe aan de stalen binnenpot van de snelkookpan. Voeg een rooster bovenop toe. Giet Guinness-bier en water in de pot. Plaats het borststuk van pekelvlees op het metalen rek, met de vetkap naar beneden. Strooi kruiden over de bovenkant van het vlees. Voeg indien gewenst 1-2 laurierblaadjes toe. Draai het vlees met een tang om, zodat de vetkap naar boven wijst.

b) Open voorzichtig het deksel van de snelkookpan. Til de metalen bak op waarin het vlees zit. Breng pekelvlees over naar een schaal. Verwijder laurierblaadjes, uien en vaste stvanfen. Zeef de vloeistvan. Reserveer één kopje voor het geval u dit over het vlees wilt strooien, zodat het niet uitdroogt.

c) Snijd het rundvlees tegen de draad in dunne plakjes.

d) Snijd de Hawaiiaanse broodjes horizontaal doormidden.

e) Verdeel een laagje mosterd over de onderste helft van elke rol. Smeer desgewenst wat mayonaise op de bovenste helft van het broodje.

f) Leg 2-3 plakjes cornedbeef op het onderste broodje. Bestrooi het vlees met vers gehakte dille. Voeg aan elk 1/4 kopje koolsalade toe.

g) Plaats de bovenste helften van de Hawaiiaanse rollen op de schuifregelaars.

h) Garneer elke runderschuif met een baby-dille-augurk. Prik de feestsandwiches door het midden met houten feestprikkers om alles bij elkaar te houden.

21. Guinness geglazuurde gehaktballetjes

INGREDIËNTEN:
GEHAKTBALLEN
- 1 pond gemalen kalkoen van rundvlees
- 1 c. panko-broodkruimels
- 1/4 c. Guinness
- 1/4 c. gehakte ui
- 1 ei, lichtgeklopt
- 1 theelepel. zout
- 1/8 theelepel. peper

GUINNESS SAUS
- 2 flessen Guinness
- 1/2 c. ketchup
- 1/4 c. Honing
- 2 eetlepels. stroop
- 2 theelepel. Dijon mosterd
- 2 theelepel. gedroogde gehakte ui
- 1 theelepel. knvanlook poeder
- 4 theelepel. maïszetmeel

INSTRUCTIES:

a) Voor de gehaktballetjes: Combineer alle ingrediënten in een middelgrote mengkom. Goed mengen.

b) Vorm balletjes van 1 1/2 inch (ik gebruikte een kleine koekjesschep) en plaats ze op een omrande bakplaat bekleed met aluminiumfolie en besproeid met anti-aanbakspray.

c) Bak op 350 ° gedurende 20-25 minuten.

d) Voor de saus: Combineer alle ingrediënten behalve maizena in een middelgrote pan. Garde.

e) Breng aan de kook, af en toe kloppend.

f) Zet het vuur lager en laat 20 minuten sudderen.

g) Klop het maïzena erdoor en laat 5 minuten sudderen van tot het ingedikt is.

h) Voeg gehaktballetjes toe aan de saus.

22. Engelse pubpasteitjes

INGREDIËNTEN:
- 1 ui
- 1/3 kropkool
- 4 kleine wortels
- 8 kleine rode aardappelen
- 4 groene uien
- 1 prei
- 4 eetlepels boter
- 3 eieren
- 1 eetlepel bruine mosterd
- 1/2 theelepel tijm
- 1/4 theelepel peper
- 1/2 theelepel zout
- 1/4 theelepel gemalen mosterd
- 1 8-ounce pakket geraspte mozzarellakaas
- 4 ons geraspte Parmezaanse kaas
- 5 gekoelde gerolde taartbodems
- 1 pond rundergehakt optioneel

INSTRUCTIES:

a) Als u rundergehakt gebruikt, bak het rundvlees dan bruin in een grote koekenpan, laat het uitlekken, haal het uit de pan en zet het opzij. Snijd uien, wortels en aardappelen in blokjes. Snijd de kool in kleine stukjes. Snijd de prei en groene uien in dunne plakjes

b) Verhit 4 eetlepels boter in een grote koekenpan op middelhoog vuur. Bak uien, groene uien en prei tot ze gaar zijn - ongeveer 6 minuten. Voeg kool, wortels en aardappelen toe. Blijf nog 5 minuten koken op middelhoog vuur.

c) Zet het vuur laag; dek af en stoom gedurende 15 minuten. Haal van het vuur. Haal ondertussen de taartbodems uit de koelkast en verwarm de oven voor op 375 graden.

d) Klop 3 eieren, mosterd en kruiden in een grote kom. Verwijder 1 eetlepel eimengsel en klop met 1 eetlepel water; opzij zetten. Voeg groenten, rundvlees en kaas toe aan het eimengsel en meng goed.

e) Rol de taartbodems uit en snij ze met een pizzasnijder in vieren.

f) Om pasteitjes te maken, plaatst u een stukje van de korst op een bakplaat bedekt met bakpapier. Plaats een schep van het groentemengsel in het midden van een wig en dek af met een tweede wig.

g) Druk de randen met een vork aan om ze af te dichten en bestrijk ze vervolgens met een mengsel van ei en water. Bak ongeveer 20 minuten van tot de korst goudbruin is.

23.Engelse worstenbroodjes

INGREDIËNTEN:
- 3 bladerdeegvellen
- 1 ei losgeklopt voor het bestrijken van het deeg
- Worstvleesvulling
- 1 pond gemalen varkensvlees
- 1 theelepel gedroogde tijm
- ½ theelepel gedroogde marjolein
- ½ theelepel gedroogde basilicum
- ½ theelepel gedroogde rozemarijnblaadjes
- 1 theelepel gedroogde peterselie
- ½ theelepel gedroogde salie
- ⅛ theelepel zout
- ⅛ theelepel zwarte peper
- 1 kopje broodkruimels
- 1 teentje knvanlook fijngehakt
- 1 ei geklopt
- ¼ theelepel gedroogde venkel optioneel

INSTRUCTIES:

a) Maal de kruiden, zout en peper in een kvanfiemolen.

b) Voeg de gemalen kruiden en de gehakte knvanlook toe aan het paneermeel in een grote mengkom en meng door elkaar.

c) Voeg het gemalen varkensvlees toe aan het gekruide broodkruim en meng het met je vingers. Voeg de helft van het losgeklopte ei toe en meng goed totdat het vleesmengsel aan elkaar begint te plakken. Gooi het overtollige ei weg.

d) Rol de worst met je handen en vorm 4 cilindrische vormen van ongeveer ¾ inch dik en 10 inch lang. Zet het vlees opzij.

e) Verwarm de oven voor op 400 graden F. Bekleed een grote bakplaat met bakpapier.

f) Open een ontdooid bladerdeegvel op een met bloem bestoven oppervlak. Snijd in 3 reepjes van ongeveer 3 inch breed en 10 inch lang.

g) Leg een stuk van het voorgevormde worstvlees van 7,5 cm dik op het deeg, dicht bij de rand. Rol het deeg rond het vlees, zodat het aan de onderkant een centimeter overlapt.

h) Snijd de deegrol door en rol hem terug om de onderste laag met eierwas te bestrijken. Rol de onderste naad opnieuw op en sluit deze af.

i) Snijd met een scherp mes twee diagonale sleuven van ½ inch in het bovenoppervlak van de rol. Herhaal de procedure om 18 worstenbroodjes te vormen.

j) Leg de voorbereide worstenbroodjes in rijen op de bakplaat met een tussenruimte van 2,5 cm. Bestrijk de bovenkant van het deeg met eierwas.

k) Bak in een oven van 400 graden F gedurende 20 minuten. Verlaag het vuur tot 350 graden en bak nog eens 5 minuten.

l) Haal het uit de oven als de bovenkant goudbruin is. Laat de saucijzenbroodjes afkoelen op een rooster.

SCONES EN BROOD

24. Hartige kaasscones

INGREDIËNTEN:
- 225 g gewone bloem
- 2 afgestreken theelepels bakpoeder
- Snufje zout
- ¼ Theelepel mosterd
- 50 g boter
- 75 g geraspte Cheddar
- 1 groot ei
- 4 eetlepels roommelk
- Extra melk voor glazuren

INSTRUCTIES:

a) Verwarm de oven voor op 220° C. Zeef de bloem, het bakpoeder, het zout en de mosterd. Wrijf de boter erdoor tot het mengsel op fijn broodkruim lijkt. Meng de geraspte kaas erdoor.

b) Klop het ei los en voeg melk toe. Maak een kuiltje in het midden van de droge ingrediënten en meng de vloeistvan. Draai op een met bloem bestoven bord. Licht kneden en met een deegsnijder in rondjes snijden. Plaats op een ingevette bakplaat.

c) Bestrijk ze met het ei-melkmengsel en bak ze 12-15 minuten, van tot ze goudbruin en gaar zijn.

25.Engels Sodabrood

INGREDIËNTEN:
- 340 g gewone bloem, volkoren van wit
- 1/2 theelepel zout
- 1/2 theelepel natriumbicarbonaat
- 1/2 kopje karnemelk

INSTRUCTIES:
a) Meng al je droge ingrediënten door elkaar en zeef vervolgens de droge ingrediënten lucht toe te voegen. Maak vervolgens een kuiltje in het midden van het droge mengsel en voeg de helft van de karnemelk toe en meng dit voorzichtig. Voeg de rest van de karnemelk toe en kneed lichtjes om het op te nemen.

b) Als het mengsel droog en zwaar lijkt als je volkorenmeel gebruikt, voeg dan wat meer karnemelk toe. Het blijft aan je handen plakken, wees gewaarschuwd.

c) Leg het deeg op een met bloem bestoven aanrecht en breng het voorzichtig samen tot een ronde vorm. Breng dit vervolgens over op een bakplaat. Snijd een kruis vrij diep in de bovenkant van het brood om "de feeën eruit te laten" en zet het vervolgens 40 tot 45 minuten in de oven. Om te controleren van het brood gaar is, tikt u lichtjes op de onderkant. Als het hol klinkt, is het klaar.

d) Je kunt allerlei soorten toevoegen ingrediënten voor je frisdrankbroodmix, kaas en ui, spekjes, fruit zoals rozijnen, gedroogde veenbessen en bosbessen, noten, zaden, vrijwel alles wat je maar wilt om een zoet van hartig brood te maken.

26. Engels tarwebrood

INGREDIËNTEN:
- 500 g grvan volkorenmeel
- 125 g gewone bloem, plus extra om te bestuiven
- 1 theelepel zuiveringszout
- 1 theelepel zout
- 600 ml karnemelk, plus een beetje extra indien nodig
- 1 eetl lichtbruine suiker
- 1 el gesmolten boter, plus extra voor het invetten van de pan
- 2 eetlepels gouden siroop

INSTRUCTIES:
a) Verwarm de oven voor op 200°C en vet 2 x broodvormen in.
b) Neem een grote kom en zeef de bloem samen met de baking soda en het zout in de kom. Maak een klein kuiltje in het midden van deze droge mix en voeg de karnemelk, bruine suiker, gesmolten boter en gouden siroop toe.
c) Meng dit voorzichtig door elkaar totdat alle ingrediënten zijn gecombineerd. Verdeel het mengsel vervolgens over de bakvormen en strooi het met je favoriete toppings.
d) Bak dit ongeveer een uur, controleer halverwege van de pannen niet hoeven te draaien van dat de broden niet te bruin worden. Als ze dat wel zijn, zet het vuur dan iets lager.
e) Om te controleren van ze gaar zijn, haal je ze gewoon uit de vorm en tik je op de onderkant van het brood. Als het hol klinkt, is het klaar. Indien klaar, plaats het op een koelrek. Als het afgekoeld is, serveer het met veel boter.

27.Engels van Dublin Vertroetelen

INGREDIËNTEN:
- 1 eetlepel plantaardige olie
- 450 gram worstjes
- 200 g spek, in reepjes gesneden
- 1 ui, in blokjes gesneden
- 2 wortels, in plakjes gesneden
- 1 kg aardappelen, geschild en in plakjes gesneden
- Vers gemalen zwarte peper
- 500 ml kippenbouillon U kunt een in heet water gesmolten bouillonblokje gebruiken
- 1 laurierblad

INSTRUCTIES:
a) Zorg ervoor dat de oven heet wordt door hem voor te verwarmen op 170°C van 325°F. Terwijl dat aan het opwarmen is, verwarm je de olie in een koekenpan en bak je worstjes bruin. Voeg het spek toe aan de gebruinde worstjes en kook dit 2 minuten.

b) Leg de helft van de worstjes en het spek op de bodem van een ovenschaal en voeg vervolgens de helft van de uien, wortels en aardappelen toe. Breng deze laag op smaak met peper en zout. Schep daar vervolgens nog een laag bovenop met de rest van de worstjes, spek en groente, vergeet niet ook deze laag op smaak te brengen.

c) Eenmaal gekruid giet je de verwarmde bouillon over de hele braadpan en voeg je het laurierblad toe. Dek af met een deksel en laat 2 uur koken, verwijder vervolgens het deksel en laat nog eens 30 minuten koken.

d) Laat ongeveer 5 minuten uit de oven staan, bestrooi eventueel met peterselie en serveer.

28.Engels Brood Met Zure Room

INGREDIËNTEN:
- 2½ kop Gezeefd bloem voor alle doeleinden
- 2 theelepels bakpoeder
- 1 theelepel zout
- ½ theelepel zuiveringszout
- ¼ kopje bakvet
- ½ kopje suiker
- 1 ei; geslagen
- 1½ kopje Onze room
- 1 kopje rozijnen
- ½ kopje krenten

INSTRUCTIES:
a) Verwarm de oven voor op 375 graden. Zeef de bloem, bakpoeder, zout en frisdrank in een kom. Opzij zetten.
b) Room het bakvet en de suiker tot het licht en luchtig is.
c) Voeg ei en zure room toe. Goed mengen. Roer het bloemmengsel erdoor.
d) Meng tot het goed gemengd is. Rozijnen en krenten erdoor roeren. Schep in een ingevette braadpan van 2 liter. Bak gedurende 50 minuten.
e) Dek af met aluminiumfolie en bak 10 minuten langer van tot het gaar is.

29. Engels boerenbrood

INGREDIËNTEN:
- 8 ons bloem
- 4 ons suiker
- 8 ons Gemengd gedroogd fruit
- ½ elk. Geraspte schil van een citroen
- 2 eetlepels Boter
- ½ theelepel zout
- 2 theelepels bakpoeder
- 1 snufje zuiveringszout
- 1 ei, losgeklopt
- 1¼ kopje karnemelk

INSTRUCTIES:

a) Meng de bloem, suiker, fruit, citroenschil, boter, bakpoeder en frisdrank.

b) Voeg het losgeklopte ei en de karnemelk toe tot een mooi zacht deeg; klop goed en giet het in een ingevette broodvorm van 2 pond.

c) Bak op 300 F gedurende 1 uur, van totdat de test is uitgevoerd met een spies.

30.Engels havermoutbrood

INGREDIËNTEN:
- 1 1/4 kopjes bloem voor alle doeleinden; verdeeld, maximaal 1
- 2 eetlepels donkerbruine suiker; stevig verpakt
- 1 theelepel bakpoeder
- 1 theelepel zuiveringszout
- ½ theelepel zout
- 2 eetlepels boter; verzacht
- 2 kopjes Steengemalen volkorenmeel
- 6 eetlepels Gerolde haver
- 1½ kopje karnemelk
- 1 eiwit; voor beglazing
- 2 eetlepels gemalen gerolde haver; voor besprenkeling

INSTRUCTIES:
a) Klop 1 kopje bloem, donkerbruine suiker, bakpoeder, zuiveringszout en zout samen in een grote mengkom. Wrijf het mengsel tussen je vingertoppen om de suiker gelijkmatig te verdelen.
b) Snijd de boter in het mengsel met een deegblender van twee messen tot het mengsel op fijne kruimels lijkt.
c) Roer het volkorenmeel en de haver erdoor. Maak een kuiltje in het midden van het mengsel en voeg geleidelijk de karnemelk toe, terwijl je licht roert tot het mengsel grondig bevochtigd is. Gebruik de resterende ¼ kop bloem, beetje bij beetje, bestuif het deeg lichtjes en verzamel het tot een bal. Kneed lichtjes en voeg indien nodig bloem toe, tot het deeg glad en veerkrachtig is, ongeveer 6-8 knedingen.
d) Verwarm de oven voor op 375 graden en vet een grote bakplaat licht in. Vorm het deeg tot een gladde ronde bal en plaats deze in het midden van de voorbereide bakplaat. Druk de bal voorzichtig in een dikke schijf van 7 inch. Snij met een scherp mes een groot kruis bovenop het deeg. Klop het eiwit lichtjes tot het schuimt en bestrijk het lichtjes, maar gelijkmatig, over de bovenkant van het brood, zodat het glaceert. Je hoeft niet het hele eiwit te gebruiken.
e) Hak de gerolde haver grvan in een keukenmachine van blender en strooi gelijkmatig over het eiwitglazuur.
f) Bak in het midden van de voorverwarmde oven gedurende 40-45 minuten van tot het brood mooi bruin is en hol klinkt als je erop klopt. Verwijder het brood onmiddellijk in een rek om af te koelen.

31. Engels yoghurtbrood

INGREDIËNTEN:
- 4 kopjes bloem
- ¾ theelepel zuiveringszout
- 3 theelepels bakpoeder
- 1 theelepel zout
- 1 kopje krenten
- 2 eetlepels Karwijzaad
- 2 eieren
- 1 kopje gewone magere yoghurt; gemengd

INSTRUCTIES:
a) Roer de droge ingrediënten door elkaar. Voeg de krenten en het karwijzaad toe; Voeg eieren toe.
b) Voeg het yoghurt-watermengsel toe en roer tot er een plakkerig beslag ontstaat.
c) Kneed het deeg gedurende 1 minuut op een goed met bloem bestoven oppervlak, vorm het tot een bal en plaats het in een goed ingevette ronde braadpan.
d) Markeer een kruis in het midden met een scherp mes en bak in een oven van 350°C gedurende 1 uur en 15 minuten voordat u het brood uit de braadpan haalt en laat het vervolgens afkoelen op een rooster. Snijd dun om te serveren.
e) Goed in te vriezen en de dag na het bakken het lekkerst

32. Engels volkoren frisdrankbrood

INGREDIËNTEN:

- 3 kopjes bloem, volkoren
- 1 kopje bloem, voor alle doeleinden
- 1 eetlepel zout
- 1 theelepel zuiveringszout
- ¾ theelepel bakpoeder
- 1½ kopje karnemelk, yoghurt van melk verzuurd met citroensap

INSTRUCTIES:

a) Combineer de droge ingrediënten en meng grondig om de frisdrank en het bakpoeder te verdelen. Voeg vervolgens voldoende karnemelk toe om een zacht deeg te maken, maar stevig genoeg om zijn vorm te behouden.

b) Kneed op een licht met bloem bestoven bord gedurende 2 van 3 minuten, tot het geheel glad en fluweelachtig is. Vorm een rond brood en plaats het in een goed beboterde cakevorm van 20 cm van op een goed beboterde bakplaat.

c) Snij met een zeer scherp, met bloem bestoven mes een kruis in de bovenkant van het brood.

d) Bak in een voorverwarmde oven van 375F gedurende 35-40 minuten, van tot het brood mooi bruin is en hol klinkt als je er met de knokkels op klopt.

33. Engels bierbrood

INGREDIËNTEN:
- 3 kopjes Zelfrijzend bakmeel
- ⅓ kopje suiker
- 1 Fles Engels bier

INSTRUCTIES:
a) Meng de ingrediënten in een kom.
b) Giet het beslag in een ingevette broodvorm en bak gedurende een uur op 350 graden.
c) Heet opdienen.

34. Engels Barmbrack-brood

INGREDIËNTEN:
- 1⅛ kopje water
- 3 kopjes Broodmeel
- 3 theelepels Gluten
- 1½ theelepel zout
- 3 eetlepels suiker
- ¾ theelepel Gedroogde citroenschil
- ¾ theelepel gemalen piment
- 1½ eetlepel boter
- 2 eetlepels Droge melk
- 2 theelepels Red Star Actieve Droge Gist
- ¾ kopje rozijnen

INSTRUCTIES:

a) Doe alle ingrediënten in de broodvorm in de volgorde van de instructies van de fabrikant .

b) Dit maakt een dicht, middelgroot brood (6-7 inch lang). Voor een luchtiger, groter brood verhoog je de gist tot 2 ½ theelepel.

c) Zorg ervoor dat de ingrediënten op kamertemperatuur zijn. Verwarm indien nodig water en boter in de magnetron gedurende 50-60 seconden op de hoogste stand.

d) Voeg ¼ kopje rozijnen toe gedurende 4 minuten in de eerste cyclus.

e) Voeg de resterende rozijnen toe net na de rustperiode en zodra het tweede kneden begint.

35. Engels Sproetenbrood

INGREDIËNTEN:
- 2 broden
- 4¾ elk. Tot 5 3/4 kopjes ongezeefde bloem
- ½ kopje suiker
- 1 theelepel zout
- 2 pakjes droge gist
- 1 kop Aardappelwater
- ½ kopje margarine
- 2 eieren, kamertemperatuur
- ¼ kopje Aardappelpuree, kamertemperatuur
- 1 kopje pitloze rozijnen

INSTRUCTIES:
a) Meng in een grote kom 1½ kopje bloem, suiker, zout en onopgeloste gist grondig. Meng het aardappelwater en de margarine in een pan.
b) Verwarm op laag vuur tot de vloeistvan warm is - de margarine hoeft niet te smelten. Voeg geleidelijk toe aan de droge ingrediënten en klop gedurende 2 minuten op gemiddelde snelheid met een elektrische mixer, waarbij u af en toe de kom schraapt. Voeg eieren, aardappelen en ½ kopje bloem toe, van voldoende bloem om een dik beslag te maken. Roer de rozijnen en voldoende extra bloem erdoor om een zacht deeg te maken.
c) Leg het op een met bloem bestoven bord. Kneed tot een gladde en elastische massa, ongeveer 10 minuten. Doe het in een ingevette kom en draai het deeg vet.
d) Dek af en laat rijzen tot het volume verdubbeld is. Pons het deeg naar beneden. Leg het op een licht met bloem bestoven bord.
e) Verdeel het deeg in 4 gelijke stukken. Vorm elk stuk tot een slank brood, ongeveer 20,5 cm lang. Leg 2 broden naast elkaar in elk van de 2 ingevette broodpannen van 8 ½ x 4 ½ x 2 ½ inch. Omslag. Laat het op een warme plaats rijzen, vrij van tocht, tot het in volume is verdubbeld.
f) Bak in een voorverwarmde oven van 375 F gedurende 35 minuten, van tot het klaar is. Haal uit de pannen en laat afkoelen op roosters.
Colorado Cache Kookboek (1978) Uit de collectie van Jim Vorheis

36.Kruidenbrood

INGREDIËNTEN:
- 10 ons bloem
- 2 theelepels bakpoeder
- ½ theelepel zuiveringszout
- 1 theelepel Gemengde kruiden
- ½ theelepel Gemalen gember
- 4 ons Lichtbruine suiker
- 2 ons Gehakte gekonfijte schil
- 6 ons rozijnen, puur van goudkleurig
- 4 ons boter
- 6 ons gouden siroop
- 1 groot ei, geslagen
- 4 eetlepels Melk

INSTRUCTIES:

a) Zeef de bloem met de frisdrank en het bakpoeder, en de gemengde kruiden en gember: voeg dan de bruine suiker, de gehakte schil en de rozijnen toe: meng.

b) Maak een put in het midden. Smelt de boter met de siroop op laag vuur en giet het mengsel in het kuiltje. Voeg het losgeklopte ei en de melk toe en meng zeer goed. Giet het in een ingevette broodvorm van 2 pond en bak in een voorverwarmde oven op 325 F gedurende 40-50 minuten, van totdat de test klaar is. Dit brood blijft meerdere dagen vochtig en verbetert in deze periode zelfs enigszins.

HOVANDGERECHT

37.Engelse kampioen

INGREDIËNTEN:
- 5 flinke aardappelen
- 1 kopje groene ui
- 1 kopje melk, bij voorkeur volle melk
- 55 gram gezouten boter
- zout (naar smaak)
- witte peper (naar smaak)

INSTRUCTIES:

a) Vul de pan met de aardappelen en bedek met water waar ongeveer een theelepel zout in zit. Laat de aardappelen sudderen tot ze gaar zijn. Om de kooktijd sneller te maken, snijdt u de aardappelen eenvoudig in kleinere stukken.

b) Terwijl de aardappelen koken, snij je de groene uien fijn. Houd het groene gedeelte apart van het witte.

c) Giet het water uit de aardappelen en zorg ervoor dat al het water verwijderd is. Voeg vervolgens de boter en de melk toe aan de pan en pureer de aardappelen voorzichtig. Eenmaal gepureerd, roer de witte delen van de ui erdoor en breng op smaak met zout en witte peper. Doe alle Champignons in een kom om te serveren.

d) Strooi er voor het serveren de gehakte groene uien overheen en geniet ervan.

38.Colcannon Met Kool Van Boerenkool

INGREDIËNTEN:
- 1 kg aardappelen, geschild
- 250 g gehakte kool van boerenkool, goed gewassen en in fijne plakjes gesneden, verwijder eventuele dikke stengels
- 100 ml/1 kopje + 1 eetlepel melk
- 100 g/1 kop + 2 eetlepels boter
- Zout en versgemalen zwarte peper

INSTRUCTIES:

a) Doe de geschilde aardappelen in een pan en bedek ze met water en een theelepel zout. Breng aan de kook en kook vervolgens tot het gaar is.

b) Terwijl de aardappelen koken, kook je de kool van boerenkool. Doe 1 eetlepel boter in een zware pan en smelt tot hij net bubbelt. Voeg de gesneden boerenkool van kool toe met een snufje zout. Plaats het deksel op de pan en kook op hoog vuur gedurende 1 minuut.

c) Roer de groenten door en laat nog een minuut koken. Giet vervolgens het vocht af en breng op smaak met zout en peper.

d) Giet de aardappelen af en pureer ze met een beetje melk en 1 eetlepel boter, meng de boerenkool van kool erdoor en breng op smaak met zout en peper.

39.Kip En Prei Taart

INGREDIËNTEN:
- 6 ons kruimeldeeg
- 1 kip, ongeveer 4 pond
- 4 plakjes hamsteak
- 4 Grote preien, schoongemaakt/gehakt
- 1 ui
- Zout en peper
- 1 snufje Gemalen foelie van nootmuskaat
- 300 milliliter Kippenbouillon
- 125 milliliter Dubbele room

INSTRUCTIES:
a) Maak het deeg en laat het op een koude plaats rusten.
b) Leg in een diepe schaal van 1 - 1½ liter lagen kip, ham, prei en ui van sjalot, voeg de foelie, nootmuskaat en kruiden toe en herhaal deze lagen totdat de schaal vol is. Voeg de bouillon toe, maak de randen van de schaal vochtig voordat u het deeg uitrolt tot de gewenste maat.
c) Leg het deeg over de taart en druk de randen goed aan. Prik ze vast met een vork. Maak een klein gaatje in het midden. Rol de stukjes deeg uit en vorm een blad van rozet voor de bovenkant. Plaats dit heel lichtjes over het kleine gaatje. Bestrijk het deeg met melk en bak op matig vuur, 350F, gedurende 25-30 minuten.
d) Bedek het deeg met vochtig vetvrij papier als het gedeeltelijk gaar is en de bovenkant te bruin lijkt te worden.
e) Verwarm de crème zachtjes. Als de taart gaar is, haal hem dan uit de oven.
f) Til voorzichtig de rozet eraf en giet de room door het gat naar binnen. Plaats de rozet terug en serveer. (Deze taart vormt als hij koud is een heerlijke zachte gelei.)

40.Spelt En Prei

INGREDIËNTEN:
- 50 g/2 oz (4 eetlepels) boter
- 3 preien, in dunne plakjes gesneden
- blaadjes van een paar takjes tijm, fijngehakt
- 1 laurierblad
- 350 g speltkorrels
- 250 ml cider (harde cider)
- 750 ml groentebouillon (bouillon)
- 2 eetlepels gehakte peterselie
- Zeezout

INSTRUCTIES:
a) Smelt de helft van de boter in een grote koekenpan (koekenpan) op middelhoog vuur. Bak de prei met de tijm en het laurierblad in ongeveer 5 minuten mooi zacht. Voeg de speltkorrels toe en laat een minuut koken, voeg dan de cider toe en breng aan de kook.

b) Voeg de bouillon toe en laat 40 minuten tot 1 uur koken tot de spelt gaar en gaar is. Voeg eventueel nog een beetje water toe.

c) Haal van het vuur en roer de resterende boter en peterselie erdoor. Kruid voor het serveren.

41.Kabeljauw Met Saffraan En Tomaten

INGREDIËNTEN:
- 1 eetlepel koolzaadolie (canola).
- 1 ui, fijn gesneden
- 2 teentjes knvanlook, geperst
- 150 g (ongeveer 3 kleine) aardappelen, geschild en in blokjes gesneden
- 1 laurierblad
- 175 ml sherry
- een flinke snuf saffraan
- 350 ml visbouillon (bouillon)
- 1 blikje gehakte tomaten van 400 g, gemengd
- 600 g kabeljauwfilet, ontveld en ontbeend, in hapklare stukjes gesneden
- 2 eetlepels peterselie
- zeezout en versgemalen zwarte peper

INSTRUCTIES:

a) Verhit de olie in een grote pan op middelhoog vuur, voeg de ui en knvanlook toe, dek af en kook ongeveer 5 minuten tot ze zacht en mooi gekleurd zijn. Breng op smaak met een beetje zout.

b) Voeg de aardappelen en het laurierblad toe en kook een paar minuten. Voeg vervolgens de sherry, saffraan en visbouillon toe. Kook ongeveer 15 minuten tot de aardappelen bijna gaar zijn.

c) Voeg de tomaten toe, zet het vuur laag en laat 15 minuten koken. Voeg de laatste minuut de vis toe en bak 1 minuut. Voeg de gehakte peterselie toe en breng op smaak met peper en zout.

42. Duif En Dik

INGREDIËNTEN:
- 4 duiven, geplukt en gestript
- 4 eetlepels koolzaadolie
- 75g/2. oz (5. eetlepels) boter
- een paar takjes tijm
- 2 uien, gehakt
- 2 teentjes knvanlook, heel fijn gesneden
- 250 g champignons, in plakjes gesneden
- 500 ml/17 fl oz (royale 2 kopjes) kippenbouillon (bouillon)
- 4 eetlepels whisky
- 500 ml/17 fl oz (royale 2 kopjes) dik
- zeezout

INSTRUCTIES:
a) Kruid de duiven met zeezout. Verhit 3 eetlepels olie in een grote pan op middelhoog vuur, voeg de duiven toe en schroei. Voeg na een paar minuten de boter met de tijm toe en laat karameliseren. Bedruip de duiven enkele minuten tot ze mooi bruin zijn. Haal de duiven uit de pan en laat rusten.

b) Veeg de pan af met wat keukenpapier en gooi de boter en de tijm weg. Verhit de resterende olie in de pan op middelhoog vuur en bak de uien en knvanlook 3-4 minuten tot ze glazig zijn.

c) Breng op smaak met zeezout, voeg de champignons toe en kook 5-7 minuten tot de champignons mooi kleuren. Voeg de kippenbouillon (bouillon), whisky en dik toe.

d) Breng aan de kook, zet het vuur laag en laat 30 minuten koken.

e) Doe de duiven terug in de pan, dek af en laat nog 20 minuten sudderen tot de duiven gaar zijn; de kerntemperatuur van het borstvlees moet op een vleesthermometer 65C bereiken.

43.Lams Heet Pot

INGREDIËNTEN:
- 750 g lamsschouder, in blokjes gesneden
- 50 g rundvlees druipend
- 3 uien, gesneden
- 2 eetlepels fijngehakte tijm
- 2 eetlepels gewone bloem (alle doeleinden).
- 750 ml/25 fl oz (3 kopjes) lamsbouillon (bouillon), opgewarmd
- 750 g aardappelen, geschild en in dunne plakjes gesneden
- 50 g/2 oz (3 eetlepels) boter, gesmolten
- zeezout en versgemalen zwarte peper

INSTRUCTIES:
a) Verwarm de oven voor op 180C/350F/Gasstand 4.
b) Kruid het lamsvlees met zwarte peper en zout. Verhit het vlees al druppelend in een gietijzeren pan op middelhoog vuur, voeg het lamsvlees toe en bak het in porties in 5-10 minuten mooi bruin. Verwijder en bewaar op een warme plaats.
c) Voeg de uien en de helft van de tijm toe aan de pan en kook ongeveer 5 minuten tot ze zacht en doorschijnend zijn. Om een roux te maken, voeg je de bloem toe en kook je 2 minuten tot een losse pasta ontstaat. Giet geleidelijk de warme lamsbouillon (bouillon) erbij en roer tot de roux is opgelost.
d) Doe het gebruinde lamsvlees terug in de pan. Leg de aardappelschijfjes er cirkelvormig op. Bestrijk met de gesmolten boter en breng op smaak met zeezout, zwarte peper en de overgebleven tijm.
e) Dek af en bak in de voorverwarmde oven gedurende 45 minuten. Verwijder het deksel gedurende de laatste 15 minuten, zodat de aardappelen bruin kunnen worden.

44.Kippenbouillon Met Veel Goede Dingen

INGREDIËNTEN:

- 1,8 liter smaakvolle en goed afgeroomde zelfgemaakte kippenbouillon
- 225 g ongekookte van gekookte, geraspte kip (ik gebruik liever bruin vlees)
- schilferig zeezout en versgemalen zwarte peper
- 6 middelgrote rode tomaten, in blokjes van 1 cm gesneden
- 2-3 rijpe Hass-avocado's, in blokjes van 1,5 cm (2/3) gesneden
- 2 middelgrote rode uien, in blokjes van 1 cm gesneden
- 2 groene Serrano- van Jalapeño-pepers, in dunne plakjes gesneden
- 3 biologische limoenen, in partjes gesneden
- 3 à 4 zachte maïstortilla's van een grote zak tortillachips van hoge kwaliteit
- 4-6 eetlepels grvan gesneden korianderblaadjes

INSTRUCTIES:

a) Doe de kippenbouillon in een grote pan van 2,5 liter en breng aan
b) de kook. Proef en breng op smaak met peper en zout. De bouillon moet een volle, rijke smaak hebben, anders wordt de soep flauw en smakeloos.
c) Voeg vlak voor het serveren de geraspte kip toe aan de hete bouillon en pocheer zachtjes zodat de kip niet taai wordt.
d) Gekookte kip hoeft alleen maar doorgewarmd te worden in de bouillon.
e) Rauw wit vlees heeft 2 à 3 minuten nodig om te koken en bruin vlees iets langer: 4 à 6 minuten. Breng op smaak.

45. Kool En Bacon

INGREDIËNTEN:
- 2 kleine Savooikolen
- 8 Reepjes spek
- Zout en peper
- 4Hele pimentbessen
- 300 milliliter Bacon- van kippenbouillon

INSTRUCTIES:
a) Snijd de kool doormidden en kook gedurende 15 minuten in gezouten water.
b) Laat ze uitlekken, laat ze 1 minuut in koud water weken, laat ze goed uitlekken en snijd ze in plakjes. Bekleed de bodem van een ovenscheetel met de helft van de spekreepjes, leg de kool erop en voeg de kruiden toe.
c) Voeg voldoende bouillon toe zodat het nauwelijks bedekt is, en leg de overige reepjes spek er bovenop. Dek af en laat een uur sudderen, totdat het grootste deel van de vloeistvan is opgenomen.

46. Gebakken gevulde haring

INGREDIËNTEN:
- 4 eetlepels paneermeel (ophoping)
- 1 theelepel peterselie, gehakt
- 1 klein ei, geslagen
- 1 Sap en schil van citroen
- 1 snufje Nootmuskaat
- 1 Zout en peper
- 8 Haringen, schoongemaakt
- 300 milliliter Harde cider
- 1 Laurierblad, goed verkruimeld
- 1 Vers gemalen peper

INSTRUCTIES:
a) Maak eerst de vulling door het paneermeel, de peterselie, het losgeklopte ei, het citroensap en de schil, zout en peper te mengen.
b) Vul de vis met het mengsel. Leg ze in een ovenvaste schaal, dicht bij elkaar; voeg de cider, het verkruimelde laurierblad en zout en peper toe.
c) Dek af met folie en bak ongeveer 35 minuten op 350F.

47. Gestovande Selderij

INGREDIËNTEN:
- 1 stuk bleekselderij
- 1 elke middelgrote ui
- 1 theelepel Gehakte peterselie
- 2 plakjes spek
- 10 vloeibare ounce voorraad
- 1x Zout/peper naar smaak
- 1 ons boter

INSTRUCTIES:
a) Maak de bleekselderij schoon, snijd ze in stukjes van 2,5 cm en doe ze in een ovenschaal.
b) Snijd het spek en de ui fijn en strooi dit samen met de gehakte peterselie over de bleekselderij. Giet op de bouillon. Stip met klontjes boter.
c) Dek de schaal af en bak in een matige oven gedurende 30-45 minuten.

48.Vijfkruidenkorstzalm met zuurkool

INGREDIËNTEN:
- ½ pond Engels spek
- 1 eetlepel karwijzaad
- 1 grote ui
- 1 Pruimtomaat; gehakt, met
- Zaden en huid
- 2 pond zuurkool; indien nodig afgevoerd
- 12 ounce Lager bier
- ¼ kopje Korianderzaad
- ¼ kopje komijnzaad
- ¼ kopje venkelzaad
- ¼ kopje zwarte uienzaden
- ¼ kopje Zwarte mosterdzaadjes
- 4 zalmfilets tot 6 - (6 oz per stuk); huid erop, gesneden
- Vanuit het middengedeelte
- ¼ kopje Plantaardige olie

INSTRUCTIES:

a) Zweet het spek, het karwijzaad en de uien gedurende vijf tot zeven minuten van tot ze zacht, maar niet gekleurd zijn.

b) Voeg de tomaat, zuurkool en bier toe en breng aan de kook.

c) Zet het vuur laag om te laten sudderen en kook, afgedekt gedurende een uur. Laat afkoelen en bewaar tot gebruik. In de koelkast blijft het maximaal een week houdbaar zonder te bederven. Zalm: Meng elk kruid kort in een blender om het fijn te maken, maar verpulver het niet tot poeder. Meng ze allemaal goed door elkaar in een kom. Maak elk stuk zalm aan de huidzijde nat met water. Haal elk stuk met de huid naar beneden door het kruidenmengsel.

d) Opzij zetten. Verwarm ondertussen een zware koekenpan van koekenpan. Voeg de olie toe en voeg vervolgens de stukken zalm toe, met de huid naar beneden en dek af met een goed sluitend deksel. Laat ze slechts vier minuten aan één kant koken, voor zeldzame vis.

e) Kook langer indien gewenst. Haal het deksel van de pan tevoorschijn en verwijder de vis op keukenpapier om uit te lekken. Serveer de zalm met de hete zuurkool.

49. Hete Beboterde Mosselen

INGREDIËNTEN:
- 2 pinten Mosselen
- 4 ons boter
- 1 Zout en peper
- 2 eetlepels Gehakte bieslook

INSTRUCTIES:
a) Mosselen grondig wassen onder stromend water. Verwijder de "baarden" en gooi alle open schelpen weg.
b) Doe de mosselen in de pan en kook op hoge temperatuur gedurende 7 tot 8 minuten, tot de schelpen opengaan. Breng op smaak met zout van peper. Doe het in een serveerschaal en giet het kooksap erover.
c) Bestrijk met klontjes boter en bestrooi met gehakte bieslook. Serveer met vers bruin brood en boter.

50.Engelse kaneelaardappelen

INGREDIËNTEN:
- 8 ons roomkaas, verzacht
- 8 ons kokosnoot
- 1 doos (1 lb) 10X suiker
- 1 eetlepel melk
- 1 eetlepel Engelse whisky (van vanille)
- Kaneel

INSTRUCTIES:
a) Meng roomkaas en suiker door elkaar.
b) Voeg vervolgens de rest van de ingrediënten toe (behalve kaneel).
c) Rol balletjes van ¾ inch. Rol ze door de kaneel.
d) Laat een paar dagen staan om in te stellen. Geniet dan.

51. Engelse varkenslende met citroen en kruiden

INGREDIËNTEN:
- 6 pond Varkenshaas zonder bot
- ½ kopje Gehakte peterselie
- ¼ kopje Gehakte ui
- ¼ kopje Fijn geraspte citroenschil
- 1 eetlepel Basilicum
- 3 teentjes knvanlook geplet
- ¾ kopje olijfolie
- ¾ kopje Droge sherry

INSTRUCTIES:
a) Dep varkensvlees droog. Scoor goed met een scherp mes.
b) Combineer peterselie, ui, schil, basilicum en knvanlook in een kleine kom.
c) Klop ⅔ olie erdoor. Wrijf het varkensvlees in.
d) Wikkel in folie en laat een nacht in de koelkast staan. Laat varkensvlees 1 uur voor het braden op kamertemperatuur staan.
e) Verwarm de oven voor op 350 graden F. Bestrijk het varkensvlees met de resterende olijfolie. Zet op een rek in een ondiepe pan.
f) Rooster tot de vleesthermometer in het dikste deel van het vlees 170 graden F registreert, ongeveer 2½ uur. Zet het vlees opzij. Ontvet pannensappen.
g) Meng Sherry in pan-sappen. Dek af en kook op laag vuur 2 minuten.
h) Leg het varkensvlees op de schaal. Garneer met verse peterselie en schijfjes citroen. Serveer saus apart.

52. Engels Varkensvlees In Dik Met Kruiden

INGREDIËNTEN:
- 6 ons bruine suiker
- Knvanlook
- Oregano
- Tijm
- Azijn
- 2 theelepels steenzout
- 2 theelepels Gemalen zwarte peper
- 6 Zwarte olijven
- Verstandig
- 6 Pruimen
- Ansjovisfilets
- 2 eetlepels Boter
- 2 eetlepels olijfolie
- 1 ui; gesneden
- 1 ons Roux

INSTRUCTIES:

a) Snijd voorzichtig de schil van het varkensvlees af en zet het opzij. Maak zes incisies in elke knokkel. Wikkel de salie om de olijven en steek deze in de helft van de inkepingen. Wikkel de ansjovis om de pruimen en steek deze in de andere gaatjes. Om de marinade te bereiden, voegt u eenvoudig alle ingrediënten voor de marinade toe aan een blender en mengt u tot een gladde pasta.

b) Als de pasta te droog is, voeg dan wat olie toe om een pasta te vormen. Giet de marinade over de twee knokkels en laat een nacht staan. Om het varkensvlees te koken, neem je een grote pan en smelt je 2 oz boter en 2 eetlepels olijfolie. Bak het vlees 5-8 minuten in de pan en draai het halverwege om.

c) Voeg de gesneden ui en de overige marinades toe.

d) Voeg een klein flesje dik toe.

e) Leg het vel van de knokkels op het vlees, zodat er een 'deksel' ontstaat. Zet de pot 3-4 uur in een lage oven op 130C/gas2. Gooi de huid weg. Verwijder de botten van het vlees, wat gemakkelijk zou moeten gebeuren, en plaats het vervolgens in een serveerschaal.

f) Meng de resterende sappen in een blender en zeef het in een pot. Breng de sappen aan de kook en voeg de roux toe om in te dikken. Giet over het vlees. Dienen.

53.Forel gebakken op Engelse wijze

INGREDIËNTEN:
- 4 groene uien; gesneden
- 1 Groene paprika; gehakt
- ¼ kopje margarine van boter
- 1 kopje Zachte broodkruimels
- ¼ kopje verse peterselie; geknipt
- 1 theelepel Citroensap
- 1 theelepel zout
- ¼ theelepel Gedroogde basilicumblaadjes
- 4 Hele forel; getrokken zout

INSTRUCTIES:

a) Kook en roer uien en peper in margarine tot de uien zacht zijn; haal van het vuur. Roer het broodkruim, de peterselie, het citroensap, 1 theelepel erdoor. zout en de basilicum.

b) Wrijf de visholtes in met zout; vul elk met ongeveer ¼ c.vulling. Plaats de vis in een ingevette langwerpige ovenschaal, 13 1/2x9x2 inch.

c) Kook onafgedekt op 350 graden. oven tot de vis gemakkelijk uit elkaar valt met een vork, 30 tot 35 minuten.

d) Garneer de vis eventueel met kerstomaatjes en peterselie.

STOVANSCHEETEN EN SOEPEN

54. Engelse lamsstovanpot

INGREDIËNTEN:
- 1-1½ kg lamsnek van -schouder
- 3 grote uien, fijngehakt
- Zout en versgemalen zwarte peper
- 3-4 wortels, in kleine stukjes gesneden
- 1 prei, in kleine stukjes gesneden
- 1 kleine raap/koolraap/koolraap, in kleine stukjes gesneden
- 10 kleine nieuwe aardappelen, geschild en in vieren gesneden, van 2 grote aardappelen, geschild en in stukjes gesneden
- 1/4 kleine kool, versnipperd
- Boeket van peterselie, tijm en laurier; bind dit samen met een touwtje dat je erin kunt laten zitten
- Scheutje Worcestershiresaus

INSTRUCTIES:
a) Je kunt je slager vragen om het vlees van het bot te snijden en het vet weg te snijden, maar bewaar de botten van doe dit thuis. Verwijder het vet en snijd het vlees in blokjes. Doe het vlees in een pan gevuld met koud gezouten water en breng het samen met het vlees aan de kook. Zodra dit kookt, haal je het van het vuur en laat je het uitlekken. Spoel het lamsvlees af om eventuele resten te verwijderen.

b) Terwijl dit kookt, doe je de botten, uien, groenten maar niet de aardappelen van kool in een nieuwe pan. Voeg de kruiden en het kruidenboeket toe en bedek met koud water. Als het vlees is afgespoeld, doe het dan in de pan en laat het een uur sudderen. Je zult het schuim zo nu en dan moeten afscheppen.

c) Voeg na een uur de aardappelen toe en laat de stovanpot nog 25 minuten koken. Voeg de aardappelen toe en laat nog 25 minuten koken. Voeg de kool toe tijdens de laatste 6-7 minuten van het koken.

d) Als het vlees gaar is en uit elkaar valt, verwijder dan de botten en het kruidenboeket. Proef nu de stovanpot en voeg vervolgens naar smaak de Worcestershire-saus toe en serveer.

55. Gebakken Pastinaak Engelse Stijl

INGREDIËNTEN:
- 2½ pond pastinaak
- 2 ons boter van spekvet
- 3 eetlepels bouillon
- 1x Zout en peper
- 1 x Snufje nootmuskaat

INSTRUCTIES:
a) Schil de pastinaken, snijd ze in vieren en verwijder de houtachtige kern. Kook gedurende 15 minuten.
b) Plaats in een ovenvaste schaal. Voeg de bouillon toe en bestrooi met zout, peper en nootmuskaat.
c) Bestrijk ze met boter en bak ze 30 minuten op een lage plank in een matige oven.

56. Engelse zeevruchtensoep

INGREDIËNTEN:
- 4 kleine heekfilets van ongeveer 500 gram
- 2 zalmfilets zoals hierboven
- 1 stuk gerookte vis van ongeveer 250 gram
- 1 eetlepel plantaardige olie
- 1 theelepel boter
- 4 aardappelen
- 2 wortels
- 1 ui
- 500 ml vis- van kippenbouillon
- 2 eetl gedroogde dille
- 250 ml / 1 kopje room
- 100 ml/1/2 kopje melk
- 4 el fijngesneden bieslook

INSTRUCTIES:

a) Neem de aardappelen, schil ze en snijd ze in kleine blokjes. Met de wortel schillen en in kleinere blokjes snijden dan de aardappelen.

b) Verwijder eventueel het vel van de vis en snijd het in grote stukken; het zal tijdens het koken uiteenvallen.

c) Doe de olie en boter in een diepe pan en bak de ui, aardappel, dille en wortel zachtjes gedurende ongeveer 5 minuten. Giet de bouillon in de pan en breng aan de kook gedurende 1 minuut.

d) Neem het deksel van de pan en voeg de room en de melk toe en vervolgens de vis. Laat zachtjes sudderen (niet koken) tot de vis gaar is.

e) Serveer met een garnituur van peterselie en wat van je zelfgemaakte tarwebrood.

57.Kippenstovanpot Met Dumplings

INGREDIËNTEN:
- 1 kip, in 8 stukken gesneden
- 15 g/. oz (2 eetlepels) gewoon (universeel) meel
- 2 eetlepels koolzaadolie
- 15 g/. oz (1 eetlepel) boter
- 1 ui, gehakt
- 4 salieblaadjes
- een takje rozemarijn en tijm
- 2 wortels, gehakt
- 250 ml cider (harde cider)
- 1 liter kip
- bouillon (bouillon)
- 1 theelepel zeezout
- vers gemalen zwarte peper
- gehakte platte peterselie, om te garneren. Voor de dumplings
- 350 g gewone (universele) bloem, gezeefd
- 50 g koude boter, geraspt
- 1 theelepel bakpoeder
- 350 ml melk
- zeezout

INSTRUCTIES:

a) Kruid de stukken kip met al het zout en wat peper en haal ze door de bloem.

b) Verhit de olie op middelhoog vuur in een grote pan van braadpan met dikke bodem (Nederlandse oven) en bak de stukken kip, in gedeelten, gedurende ongeveer 5 minuten tot ze rondom goudbruin zijn. Zet de kip opzij en veeg de pan schoon.

c) Smelt de boter in de pan en voeg de ui, salie, rozemarijn en tijm toe. Bak 3-4 minuten tot de ui zacht is en voeg dan de wortel toe. Blus de pan met de cider en breng aan de kook.

d) Doe de kip en de sappen terug in de pan en bedek met de bouillon. Laat het op middelhoog vuur ongeveer 25-30 minuten sudderen tot de kip gaar is, zonder tekenen van roze en de sappen helder zijn.

e) Om de dumplings te maken, meng je intussen de bloem en boter in een kom met het bakpoeder en het zout. Voeg de melk toe zodat er een los deeg ontstaat. Voeg de laatste 5-10 minuten van de kooktijd eetlepels van het knoedelmengsel toe aan de pan met de kip. Draai de knoedels halverwege om, zodat ze aan beide kanten gaar worden.

f) Voeg de peterselie toe en serveer.

58.Crème Van Mosselsoep

INGREDIËNTEN:
- ¾ pint Mosselen
- 3 kopjes Koud water
- 2 ons boter
- 1 ons bloem
- ½ kopje Single room
- 1x Zout en peper

INSTRUCTIES:
a) Was de mosselen grondig.
b) Verhit in een droge droogpan tot de schelpen opengaan. Schil en baard de mosselen.
c) Smelt de boter in een pan, voeg de bloem toe en bak 1 van 2 minuten.
d) Haal van het vuur en roer het water erdoor, plus eventuele vloeistvan die uit de braadpan is achtergebleven. Voeg zout en peper toe, breng aan de kook, dek af en laat 10 minuten koken.
e) Haal van het vuur. Mosselen en room erdoor roeren. Pas de smaak aan en serveer onmiddellijk.

59. Verse Erwtensoep

INGREDIËNTEN:
- 350 gram Erwten, vers gepeld
- 2 eetlepels Boter
- 1 stuk Middelgrote ui, gehakt
- 1 krop ijsbergsla/gesneden
- 1 takje munt, fijngehakt
- 1 elk takje peterselie, gehakt
- 3 Reepjes spek, gehakt
- 1½ liter Hambouillon
- 1x Zout en peper
- 1 x suiker
- 1 x Gehakte peterselie

INSTRUCTIES:
a) Nadat u de erwten hebt geschild, bewaart u de peulen, wast u ze en brengt u ze in de hambouillon aan de kook terwijl u de soep maakt.
b) Verhit de boter in een grote pan en fruit hierin de ui. Voeg vervolgens de sla, munt en peterselie toe.
c) Ontkorst en snijd het spek. Bak het ongeveer 2 minuten en draai het af en toe; Voeg toe aan de pan met de erwten, zout, peper en een kleine hoeveelheid suiker. Zeef de bouillon en voeg toe.
d) Breng al roerend aan de kook en laat ongeveer een half uur koken tot de erwten vrij zacht zijn.
e) Garneer met gehakte peterselie van munt.

60.Instant Engelse Aardappelsoep

INGREDIËNTEN:
- 1 kop aardappelen; geschild en in blokjes gesneden
- 1 kop uien; in blokjes gesneden
- 1 kopje Wortelen; in blokjes gesneden
- 2 eetlepels dille, vers; gehakt VAN
- 1 eetlepel gedroogde dille
- ¼ theelepel Gemalen witte peper
- 1 theelepel gekorrelde knvanlook VAN
- 2 theelepels Verse knvanlook; gehakt
- 3 eetlepels maïsolie
- 4 kopjes; water
- 2¼ kopje lichte sojamelk
- 2 eetlepels Groentebouillonpoeder
- 1 kop Instant aardappelpureevlokken

INSTRUCTIES:
a) Bak in een middelgrote pan de aardappelen, uien, wortels, peper, dille en knvanlook in olie op middelhoog vuur gedurende 6 minuten.
b) Voeg water, sojamelk en bouillonpoeder toe.
c) Voeg de aardappelvlokken langzaam toe en klop voortdurend om een gelijkmatige verspreiding te garanderen.
d) Zet het vuur laag en kook, af en toe roerend, tot de aardappelen gaar zijn en het mengsel heet is, ongeveer 15 minuten.

61.Raap En Baconsoep

INGREDIËNTEN:
- ¼ pond Buikspek, zonder korst
- ¼ pond Gehakte uien
- ¼ pond Gehakte aardappelen
- ¾ pond Gehakte rapen
- 2 pinten voorraad
- 1 x Vet om te frituren

INSTRUCTIES:
a) Snijd en bak spek en uien.
b) Voeg aardappelen, rapen en bouillon toe.
c) Kook zachtjes tot de groenten zacht zijn.
d) Pas de smaak aan en serveer.

NAGERECHT

62. Schoenmaker uit het Zwarte Woud

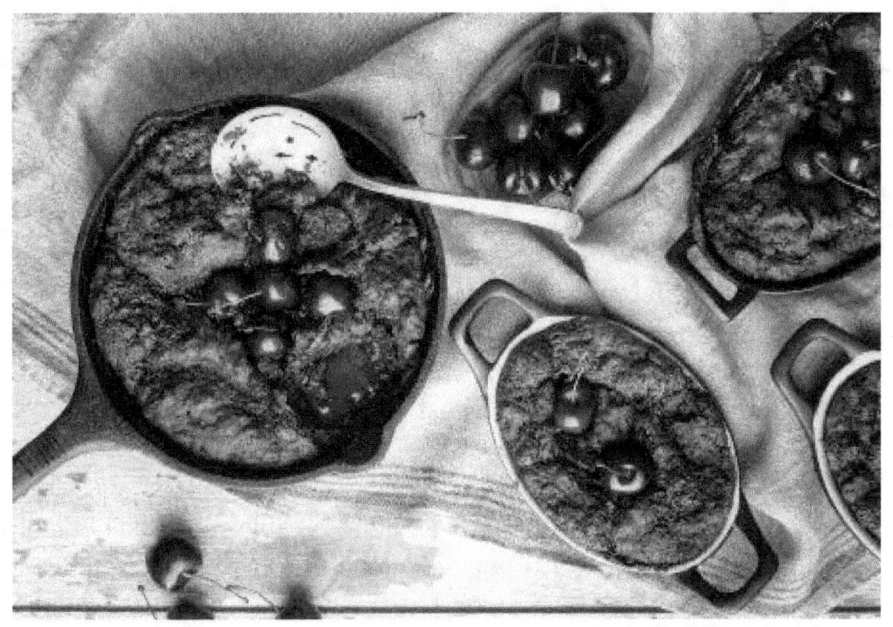

INGREDIËNTEN:
- ½ kopje suiker
- 1 eetlepel maizena
- 7 kopjes ontpitte rode taartkersen, (ongeveer 2 pond)
- ¼ theelepel amandelextract
- ¾ kopje bloem voor alle doeleinden
- ¼ kopje bakcacao
- 1 eetlepel suiker
- 1 ½ theelepel bakpoeder
- ½ theelepel zout
- 3 eetlepels boter van margarine
- ½ kopje melk
- Room van ijs, indien gewenst

INSTRUCTIES:

a) Verwarm de oven tot 400 ° F. Meng ½ kopje suiker en het maizena in een pan van 2 liter. Roer de kersen erdoor. Kook op middelhoog vuur, onder voortdurend roeren, tot het mengsel dikker wordt en kookt. Kook en roer gedurende 1 minuut. Roer het amandelextract erdoor. Giet in een niet-ingevette braadpan van 2 liter; warm houden in de oven.

b) Meng bloem, cacao, 1 eetlepel suiker, bakpoeder en zout in een kleine kom. Snijd de boter erdoor, gebruik een blender van kruis 2 messen, totdat het mengsel op fijne kruimels lijkt. Roer de melk erdoor. Laat het deeg met 6 lepels op het hete fruitmengsel vallen.

c) Bak onafgedekt gedurende 25 tot 30 minuten van tot de topping stevig is. Serveer warm met room. Vervanging

63. Appel knapperig

INGREDIËNTEN:

- 6 kopjes gesneden en geschilde appels (bijvoorbeeld Granny Smith)
- 2 eetlepels oploskvanfiekorrels
- ½ kopje kristalsuiker
- 1 theelepel gemalen kaneel
- ½ theelepel gemalen nootmuskaat
- 1 kop ouderwetse haver
- ½ kopje bloem voor alle doeleinden
- ½ kopje verpakte bruine suiker
- ½ kopje ongezouten boter, koud en in blokjes

INSTRUCTIES:

a) Verwarm uw oven voor op 175°C (350°F) en vet een ovenschaal van 9x13 inch in.

b) Los de oploskvanfiekorrels op in 2 eetlepels heet water en zet opzij.

c) Meng in een grote kom de gesneden appels en het opgeloste kvanfiemengsel. Gooi om te coaten.

d) Meng in een aparte kom de kristalsuiker, gemalen kaneel en gemalen nootmuskaat. Strooi dit mengsel over de appels en schep om.

e) Breng het appelmengsel over naar de voorbereide ovenschaal.

f) Meng in een kom de ouderwetse haver, bloem voor alle doeleinden, bruine suiker en koude blokjes boter. Meng tot kruimelig.

g) Verdeel het havermengsel gelijkmatig over de appels.

h) Bak gedurende 40-45 minuten van tot de topping goudbruin is en de appels zacht zijn.

i) Laat het iets afkoelen voordat je het serveert. Geniet van je cappuccino appelkrokant!

64. Gemengde Bessenschoenmaker Met Suikerkoekjes

INGREDIËNTEN:
- Plantaardige olie, om in te vetten
- 2 kopjes verse aardbeien, in plakjes gesneden
- 2 kopjes verse bramen
- 2 kopjes verse bosbessen
- 1 kopje kristalsuiker
- ¾ kopje water
- 2 eetlepels ongezouten boter
- 1 eetlepel vanille-extract
- 3 eetlepels maizena

VOOR DE KOEKJESTOpping:
- 2 kopjes All-purpose Flour
- ¼ kopje kristalsuiker
- 3 eetlepels bakpoeder
- ½ theelepel koosjer zout
- ¾ kopje karnemelk
- 5 eetlepels koude ongezouten boter, versnipperd
- 2 theelepels vanille-extract
- 2 eetlepels gesmolten ongezouten boter
- 2 eetlepels grove suiker

INSTRUCTIES:

a) Verwarm de oven voor op 375 graden F. Vet een ovenschaal van 9 bij 13 inch licht in.

b) Meng de bessen in een grote pan op middelhoog vuur met de suiker, water, boter en vanille. Wanneer zich belletjes beginnen te vormen, schep dan ongeveer ¼ kopje vloeistvan uit de pot.

c) Meng in een kleine kom de ¼ kop hete vloeistvan met het maizena en meng tot er geen klontjes meer zijn. Giet het maïzenamengsel terug in de pot met de bessen en roer. Kook tot alles dikker wordt en giet het fruitmengsel in de ovenschaal. Opzij zetten.

d) Meng voor de koekjestopping in een grote kom de bloem, suiker, bakpoeder en zout. Klop tot alles goed gemengd is. Voeg de karnemelk, geraspte boter en vanille toe. Meng de ingrediënten. Schep het koekjesmengsel eruit en plaats dit op de bessenvulling.

e) Bestrijk de koekjes met gesmolten boter en bestrooi ze met de grove suiker. Bak in de oven, onafgedekt, gedurende 30 tot 35 minuten. Haal uit de oven en laat afkoelen. Serveer met van zonder ijs.

65.Mini-citroencake

INGREDIËNTEN:
- 2 eieren
- 100 g boter, zacht
- 100 g kristalsuiker
- 100 g zelfrijzend bakmeel
- Schil van 1 citroen
- Sap van 1 citroen
- 50 g kristalsuiker

INSTRUCTIES:

a) Verwarm uw oven voor op 180°C. Vet een mini-cupcake- van cakevorm in en bekleed deze.

b) Klop in een mengkom de boter en de basterdsuiker tot een romig mengsel. Voeg de eieren één voor één toe en meng goed na elke toevoeging.

c) Zeef de zelfrijzende bloem erdoor en voeg de citroenschil toe. Meng tot alles goed gemengd is.

d) Schep het beslag in de mini-cakevorm en bak ongeveer 12-15 minuten van tot de cakes goudbruin zijn.

e) Terwijl de cakes bakken, meng je het citroensap en de kristalsuiker om de motregen te maken.

f) Zodra de cakes uit de oven komen, prik je er met een vork van tandenstoker in en sprenkel het citroen-suikermengsel erover.

g) Laat de taarten afkoelen voordat je ze serveert.

66. Ruby theekoekjes

INGREDIËNTEN:
- 2 kopjes bloem voor alle doeleinden, gezeefd
- 2 eetlepels suiker
- 4 theelepels bakpoeder
- ½ theelepel zout
- ½ kopje plantaardig bakvet
- ¾ kopje melk
- Extra bloem voor het bord
- Rode jam voor centra

INSTRUCTIES:

a) Verwarm de oven voor op 425 graden Fahrenheit en plaats het ovenrek in het midden.

b) Meng in een grote mengkom 2 kopjes gezeefde bloem, suiker, bakpoeder en zout. Roer de droge ingrediënten goed door elkaar met een vork.

c) Gebruik een deegsnijder van twee messen om het plantaardige bakvet in het droge mengsel te verwerken totdat het op grvan broodkruim lijkt.

d) Giet de melk erbij en meng deze voorzichtig met een vork door het bloemmengsel, totdat er een zachte deegbal ontstaat.

e) Leg het deeg op een goed met bloem bestoven oppervlak en kneed het ongeveer 12 keer met bebloemde handen.

f) Rol het deeg uit tot een dikte van ¼ inch met behulp van een met bloem bestoven deegroller.

g) Gebruik een koekjesvormer van 2 inch om cirkels uit het deeg te snijden. Zorg ervoor dat u ze recht naar beneden snijdt, zonder de snijder te draaien. Plaats de cirkels op een bakplaat, met een onderlinge afstand van ongeveer 1 inch.

h) Neem een koekjesvormer van 1 inch en snijd een gat in het midden van de resterende cirkels, zodat er ringen ontstaan. Verwijder voorzichtig de middens met een spatel en leg ze opzij.

i) Plaats de ringen op de grote deegcirkels die al op de bakplaat liggen.

j) Schep ½ theelepel jam van gelei in het midden van elk koekje.

k) Bak op 425 graden Fahrenheit gedurende 12 tot 15 minuten, van tot de koekjes gezwollen en goudbruin zijn.

l) Verwijder de theekoekjes onmiddellijk van de bakplaat met een metalen spatel.

m) Bak de kleine cirkels (koekjescentra) gedurende 11 tot 12 minuten, waardoor er extra kleine koekjes ontstaan om naast de andere te serveren.

67.Zandkoekkoekjes

INGREDIËNTEN:
- 1 kop (2 stokjes) ongezouten boter, verzacht
- ½ kopje kristalsuiker
- 2 kopjes All-purpose Flour
- ¼ theelepel zout
- 1 theelepel vanille-extract

INSTRUCTIES:

a) Verwarm uw oven voor op 160°C. Bekleed een bakplaat met bakpapier.
b) Meng de zachte boter en suiker in een mengkom tot een licht en luchtig mengsel.
c) Voeg het vanille-extract toe en meng tot het gemengd is.
d) Voeg geleidelijk de bloem en het zout toe en meng tot er een deeg ontstaat.
e) Rol het deeg uit op een licht met bloem bestoven oppervlak tot een dikte van ongeveer ¼ inch.
f) Gebruik koekjesvormers om de gewenste vormen uit te snijden en plaats ze op de voorbereide bakplaat.
g) Bak in de voorverwarmde oven gedurende 12-15 minuten, van tot de randen licht goudbruin zijn.
h) Laat de koekjes afkoelen op een rooster.

68.Aardbei Eton Mess

INGREDIËNTEN:
- 4 meringuenestjes, geplet
- 2 kopjes verse aardbeien, gepeld en in plakjes gesneden
- 1 kopje slagroom
- 2 eetlepels poedersuiker

INSTRUCTIES:

a) Klop in een mengkom de slagroom en de poedersuiker samen tot er zachte pieken ontstaan.

b) Spatel voorzichtig de gemalen meringuenestjes en de in plakjes gesneden aardbeien erdoor.

c) Schep het mengsel in serveerglazen van kommen.

d) Optioneel: Garneer met extra gesneden aardbeien van muntblaadjes.

e) Serveer onmiddellijk en geniet ervan!

69. Passievrucht Posset

INGREDIËNTEN:
- 300 ml Dubbele room
- 75 gram basterdsuiker
- 1 Citroen
- 2 Passievrucht
- Chocolade; koekjes, om te serveren

INSTRUCTIES:

a) Doe de room en de suiker in een pan en breng aan de kook, al roerend tot de suiker is opgelost.

b) Rasp de schil van de citroen en roer dit met het sap in de pan.

c) Roer ongeveer een minuut tot het mengsel dikker wordt en haal het dan van het vuur.

d) Halveer de passievruchten, schep de zaden eruit en pureer ze in posset. Roer goed en giet het in twee wijnglazen met steel.

e) Koel af en laat afkoelen tot het stevig is.

70.Klassieke Banvanfee-taart

INGREDIËNTEN:
VOOR DE KORST:
- 1 1/2 kopjes graham crackerkruimels
- 1/2 kopje ongezouten boter, gesmolten

VOOR DE VULLING:
- 2 blikjes gezoete gecondenseerde melk (voor dulce de leche)
- 3 grote rijpe bananen, in plakjes gesneden
- 2 kopjes slagroom
- Chocoladeschaafsel (optioneel)

INSTRUCTIES:
a) Om de dulce de leche te maken, plaatst u ongeopende blikken gezoete gecondenseerde melk ongeveer 3 uur in een grote pan met kokend water. Zorg ervoor dat de blikken te allen tijde volledig onder water staan. Laat ze volledig afkoelen voordat u ze opent.

b) Meng de crackerkruimels en de gesmolten boter in een kom. Druk dit mengsel op de bodem van een taartvorm, zodat er een korst ontstaat.

c) Verdeel de afgekoelde dulce de leche over de korst.

d) Leg de gesneden bananen over de dulce de leche.

e) Bestrijk de bananen met slagroom.

f) Garneer eventueel met chocoladeschaafsel.

g) Zet de taart een paar uur in de koelkast voordat je hem serveert.

71. Banvanfee-kwarktaart

INGREDIËNTEN:
VOOR DE KORST:
- 1 1/2 kopjes graham crackerkruimels
- 1/2 kopje ongezouten boter, gesmolten

VOOR DE VULLING:
- 16 ons roomkaas, verzacht
- 1/2 kopje suiker
- 1 theelepel vanille-extract
- 2 rijpe bananen, gepureerd
- 1/4 kopje dulce de leche
- 2 grote eieren

VOOR DE TOPPING:
- 2 rijpe bananen, in plakjes gesneden
- Slagroom
- Dulce de leche motregen
- Geraspte chocolade (optioneel)

INSTRUCTIES:

a) Meng de graham crackerkruimels en de gesmolten boter en druk het vervolgens op de bodem van een springvorm om de korst te creëren.

b) Klop in een grote mengkom de roomkaas tot een gladde massa. Voeg suiker, vanille, geprakte bananen, dulce de leche en eieren toe en klop tot alles goed gemengd is.

c) Giet de kwarktaartvulling over de korst.

d) Bak op 160°C gedurende ongeveer 45-50 minuten van tot het gaar is. Laat het afkoelen en in de koelkast staan.

e) Voeg voor het serveren plakjes banaan, slagroom, een scheutje dulce de leche en geraspte chocolade toe als toppings.

72. Engelse gele man

INGREDIËNTEN:

- 1 oz boter
- 8 oz bruine suiker
- 1 pond gouden siroop
- 1 dessertlepel water
- 1 theelepel azijn
- 1 theelepel zuiveringszout

INSTRUCTIES:

a) Smelt de boter in een pan en voeg dan de suiker, gouden siroop, water en azijn toe.
b) Roer tot alle ingrediënten gesmolten zijn.
c) Roer het natriumbicarbonaat erdoor en giet het, wanneer het mengsel schuimt, op een ingevette, hittebestendige bakplaat en draai de randen naar binnen met een paletmes.
d) Als het voldoende is afgekoeld om te hanteren, trek je het met beboterde handen tot het bleek van kleur is.
e) Wanneer het volledig uitgehard is, breek je het in ruwe stukken en nu is je Yellow Man klaar om te eten.

73. Fudge Pudding Met Hazelnoten En Frangelico Crème

INGREDIËNTEN:
- 150 g ongezouten boter, plus extra om in te vetten
- 150 g chocolade van goede kwaliteit (ik gebruik 52% cacaobestanddelen)
- 1 theelepel vanille-extract
- 150 ml warm water
- 100 g kristalsuiker
- 4 biologische vrije-uitloopeieren
- 25 g zelfrijzend bakmeel
- poedersuiker, om te bestuiven
- 225 ml zachtgeklopte room van crème fraiche gemengd met 1 eetlepel (1 Amerikaanse eetlepel + 1 theelepel) Frangelico-hazelnootlikeur
- een paar geroosterde hazelnoten, grvan gehakt

INSTRUCTIES:

a) Verwarm de oven voor op 200°C/gasovenstand 6 en vet een taartvorm van 1,2 liter in met een beetje boter.

b) Snijd de chocolade in kleine stukjes en smelt met de boter in een Pyrex-kom die boven een pan heet, maar niet kokend water staat. Zodra de chocolade is gesmolten, haal je de kom van het vuur en voeg je het vanille-extract toe. Roer het warme water en de suiker erdoor en meng tot een gladde massa.

c) Scheid de eieren en klop de dooiers door het chocolademengsel. Voeg vervolgens de gezeefde bloem toe en zorg ervoor dat er geen klontjes ontstaan.

d) Klop de eiwitten in een aparte kom tot er stijve pieken ontstaan en spatel ze voorzichtig door het chocolademengsel. Giet het chocolademengsel in de beboterde schaal.

e) Zet de schaal au bain-marie en giet er voldoende kokend water bij tot halverwege de zijkanten van de schaal. Bak gedurende 10 minuten. Verlaag vervolgens de temperatuur tot 160°C/325°F/Gasstand 3 voor nog eens 15-20 minuten van tot de pudding stevig is aan de bovenkant, maar nog steeds zacht en luchtig van onderen en pittig aan de onderkant.

f) Zet opzij om iets af te koelen voordat u het bestrooit met poedersuiker. Serveer warm van koud, bestrooid met geroosterde hazelnoten en Frangelico-crème van crème fraîche ernaast.

74. Geroosterde rabarber

INGREDIËNTEN:
- 1 kg rode rabarber
- 200-250 g kristalsuiker
- 2-3 theelepels vers gehakte kruiden
- ijs, labneh van dikke Jersey-room, om te serveren

INSTRUCTIES:
a) Snijd indien nodig de rabarberstelen af. Snijd de rabarber in stukken van 2,5 cm (1 inch) en schik ze in een enkele laag in een niet-reactieve ovenschaal van 45 x 30 cm (18 x 12 inch). Strooi de suiker over de rabarber en laat 1 uur van langer macereren, totdat de sappen beginnen te lopen.
b) Verwarm de oven voor op 200°C/gasstand 6.
c) Bedek de rabarber met een vel bakpapier en rooster deze 10-20 minuten in de oven, afhankelijk van de dikte van de stelen, tot de rabarber gaar is. Houd de rabarber goed in de gaten, deze kan zeer snel uiteenvallen
d) Serveer warm van koud met ijs, labneh van dikke Jersey-room.

75. Carrageen mospudding

INGREDIËNTEN:

- 3 eetlepels verse carrageen
- 4 kopjes melk
- 2 eierdooiers
- 2 eetlepels honing, plus extra om te serveren
- bijenpollen, om te serveren (optioneel)

INSTRUCTIES:

a) Was de carrageen als u deze vers gebruikt, van rehydrateer deze als u deze gedroogd gebruikt, volgens de instructies op de verpakking . Verwarm de melk met de carrageen in een middelgrote pan op middelhoog vuur.
b) Klop de eierdooiers en de honing samen in een kleine kom, giet het eimengsel bij de melk en roer ongeveer 10 minuten tot het dikker wordt.
c) Giet het mengsel in vormen van kommen en zet het een paar uur in de koelkast tot het stevig is geworden.
d) Besprenkel voor het serveren nog wat extra honing en strooi er eventueel wat bijenpollen over.

76. Brood en boter pudding

INGREDIËNTEN:
- 1 ¾ eetlepels melk
- 250 ml dubbele (zware) room
- 1 theelepel gemalen kaneel
- vers geraspte nootmuskaat, naar smaak
- 3 eieren
- 75g/2. oz (√ kopje) basterdsuiker (superfijne) suiker
- 50 g/2 oz (4 eetlepels) boter, plus extra voor het invetten
- 10 sneetjes zacht witbrood
- 75 g/2. oz (. kopje) rozijnen (gouden rozijnen)
- poedersuiker (banketbakkerssuiker), om te bestuiven

INSTRUCTIES:

a) Vet een ovenvaste schaal in.

b) Doe de melk en de room in een kleine pan op middelhoog vuur en voeg de kaneel en nootmuskaat toe. Breng aan de kook en haal van het vuur.

c) Klop de eieren met de suiker in een mengkom en giet het mengsel over de room. Roer om te combineren.

d) Beboter het brood aan beide kanten en leg de sneetjes in de voorbereide schaal, in lagen met de rozijnen (goudkleurige rozijnen). Giet de custard over het brood en laat 30 minuten staan.

e) Verwarm de oven voor op 180C/350F/Gasstand 4.

f) Bak de pudding in de voorverwarmde oven gedurende 25 minuten, tot hij goudbruin is en de custard gestold is. Voor het serveren bestrooien met een beetje poedersuiker (banketbakkerssuiker).

77.Verbrande sinaasappelen

INGREDIËNTEN:
- 4 Grote sinaasappelen
- 150 milliliter Zoete witte wijn
- 1 eetlepel boter
- 8 eetlepels suiker
- 300 milliliter Vers geperst sinaasappelsap
- 2 eetlepels Whisky (verwarmd)

INSTRUCTIES:
a) Schil de sinaasappels voorzichtig dun. Verwijder vervolgens met een scherp mes zoveel mogelijk van het merg en de witte schil, zodat de sinaasappels intact blijven. Snijd de dunne schil in fijne reepjes en bedek met de wijn.
b) Doe de sinaasappels in een ovenvaste schaal. Doe een beetje boter op elk stuk, druk het zachtjes aan en bestrooi elk stuk met een theelepel suiker. Zet het in een oven van 400F gedurende 10 minuten van tot de suiker karameliseert.
c) Meng ondertussen het sinaasappelsap met de suiker in een pan en breng aan de kook. Zet het vuur laag en laat het stroperig worden, zonder te roeren. Voeg het sinaasappelschil- en wijnmengsel toe en breng opnieuw aan de kook. Laat het vervolgens snel inkoken en iets dikker worden.
d) Haal de sinaasappels uit de oven en als ze nog niet helemaal bruin zijn, zet ze dan een paar minuten onder een matige grill. Giet de opgewarmde whisky erover en zet het in brand, op het vuur. Terwijl de vlammen doven, voeg je de sinaasappelsiroop toe en laat je dit ongeveer 2 minuten sudderen. Serveer meteen; van het kan koud geserveerd worden.

78.Engelse slagroomtaart

INGREDIËNTEN:
- 1 gele cakemix
- 4 eieren
- ½ kopje koud water
- ½ kopje Engelse roomlikeur
- 1 pakje Instant Vanillepuddingmix
- ½ kopje olie
- 1 kop gehakte geroosterde pecannoten

GLAZUUR
- 2 ons boter
- ½ kopje suiker
- ⅛ kopje water
- ¼ kopje Bailey's Engelse room

INSTRUCTIES:
a) Combineer alle ingrediënten, behalve noten, klop tot alles goed gemengd is, roer de noten erdoor.
b) Giet het in een ingevette en met bloem bestoven bakvorm met een inhoud van 12 kopjes en bak op 325F gedurende 1 uur van totdat de test klaar is.
c) Bak de cake 15 minuten en plaats hem op een rooster. Verwarm de glazuuringrediënten tot ze gesmolten zijn. Prik met een vleesvork gaatjes in de cake en bestrijk de warme cake met ½ glazuurmengsel.
d) Als de cake gaar is, bestrijk hem dan met het resterende glazuurmengsel.

79.Kabeljauw schoenmaker

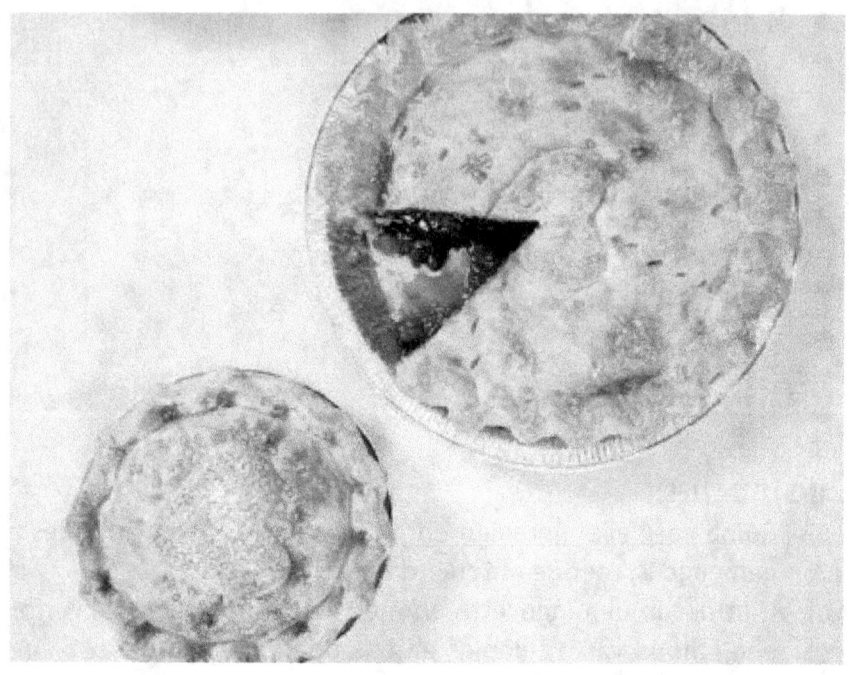

INGREDIËNTEN:
- 1½ pond kabeljauwfilets zonder vel
- 2 ons boter
- 2 ons bloem
- ½ liter Melk
- 3½ ons geraspte kaas
- 2 ons geraspte kaas (voor scones)
- 2 ons boter (voor scones)
- 1 theelepel bakpoeder (voor scones)
- 1 snufje zout (voor scones)
- 1 ei (voor scones)

INSTRUCTIES:
a) Leg de kabeljauwfilets op de bodem van een ronde ovenschaal. Maak een kaassaus met elk 60 ml boter en bloem, ½ l melk en 3½ oz geraspte kaas: giet over de vis. Maak vervolgens sconedeeg, wrijf 60 ml boter door 8 bloem met 1 theelepel bakpoeder en een snufje zout.

b) Voeg 2 oz geraspte kaas toe, bij voorkeur rijpe Cheddar van een mengsel daarvan en Parmezaanse kaas.

c) Voeg 1 eierdooier toe aan het mengsel en voeg voldoende melk toe om een werkbaar deeg te maken. Rol het uit tot een dikte van ½ inch en snijd het in kleine rondjes met een sconesnijder.

d) Leg deze rondjes op de saus, zodat ze het oppervlak bijna bedekken; glazuur ze met een beetje melk, strooi er nog wat geraspte kaas over en bak ze in een hete oven (450 F) gedurende 25-30 minuten, tot de scones goudbruin zijn.

80.Geglazuurde Engelse theecake

INGREDIËNTEN:
- ¾ kopje ongezouten boter op kamertemperatuur
- 1 kopje suiker
- 2 theelepels Vanille
- 2 eieren
- 3 ons roomkaas
- ½ kopje banketbakkerssuiker, gezeefd op kamertemperatuur
- 1¾ kopje cakemeel
- 1¼ theelepel bakpoeder
- ¼ theelepel zout
- 1 kopje gedroogde bessen
- ⅔ kopje karnemelk
- 2 theelepels Vers citroensap

INSTRUCTIES:
a) VERWARM DE OVEN VOOR OP 325F, met rek in het midden van de oven. Vet een broodvorm van 9 inch (7 kopjes) royaal in. Bestrooi met bloem; tik de pan boven de gootsteen om overtollig meel weg te gooien. Knip een stuk perkamentpapier van vetvrij papier uit zodat het in de bodem van de pan past. Opzij zetten.
b) VOOR CAKE: gebruik de mixer om boter, suiker en vanille luchtig te kloppen. Voeg de eieren toe, 1 voor 1, en klop elk tot het luchtig is. Voeg roomkaas toe. Meng tot alles goed gemengd is. Zeef de bloem, bakpoeder en zout samen. Doe de krenten in een kleine kom. Voeg ¼ kopje bloemmengsel toe aan de krenten. Roer de krenten tot ze goed bedekt zijn.
c) Voeg de resterende bloem toe aan het beslag, afgewisseld met karnemelk. Meng tot een gladde massa. Gebruik een houten lepel om de krenten en alle bloem erdoor te roeren.
d) Roer tot alles goed gemengd is. Breng het beslag over in de voorbereide pan. Glad oppervlak met spatel. Bak tot ze goed bruin zijn en de tandenstoker die je in het midden steekt er schoon uitkomt, ongeveer 1 uur en 25 minuten.
e) De cake zal bovenop barsten. Laat de cake 10 minuten rusten in de pan. Gebruik een flexibele metalen spatel om de cake van de zijkanten van de pan te scheiden.
f) Verwijder de cake voorzichtig uit de pan naar het koelrek. Verdeel het glazuur op warme cake. Laat de taart volledig afkoelen. Taart kan in folie 3 dagen bij kamertemperatuur worden bewaard.
g) Taart kan ook tot 3 maanden worden ingevroren, luchtdicht verpakt.
h) VOOR GLAZE: combineer suiker en citroensap in een kleine kom. Roer tot een gladde massa.

81.Engelse chocoladetaart

INGREDIËNTEN:
- 1 ei
- ½ kopje cacao
- 1 kopje suiker
- ½ kopje olie
- 1½ kopje bloem
- 1 theelepel frisdrank
- ½ kopje melk
- ½ kopje Heet water
- 1 theelepel vanille
- ¼ theelepel zout
- 1 Stokboter
- 3 eetlepels cacao
- ⅓ kopje Coca-cola
- 1 pond banketbakkerssuiker
- 1 kop Gehakte noten

INSTRUCTIES:
a) Combineer suiker en cacao, voeg olie en ei toe, roer goed. Combineer zout en bloem, voeg afwisselend vloeibare mengsels toe en meng goed. Voeg vanille toe.
b) Bak in laagpannen van cakevorm op 350 gedurende 30-40 minuten.
c) GRIJS: Combineer boter, cola en cacao in een pan. Verwarm tot het kookpunt, haal van de brander, voeg suiker en noten toe en klop goed. Verspreid op taart.

82.Engelse kvanfietaart

INGREDIËNTEN:
- 2 kopjes ongezouten boter
- 1 kopje suiker
- ¾ kopje Sterke hete kvanfie
- ¼ kopje Engelse roomlikeur
- 16 ons Halfzoete pure chocolade
- 6 eieren; Kamer temperatuur
- 6 eidooiers; Kamer temperatuur

INSTRUCTIES:
a) Plaats het rek in het midden van de oven en verwarm voor op 325F. Bestrijk de springvorm van 20 cm royaal met boter en bekleed de bodem met perkament van vetvrij papier. Beboter en bebloem het papier.
b) Smelt boter met suiker, kvanfie en sterke drank in een zware pan van 3 liter op middellaag vuur, roer tot de suiker oplost. Voeg chocolade toe en roer tot een gladde massa. Haal van het vuur.
c) Klop met een elektrische mixer de eieren en dooiers in een grote kom tot het driedubbele volume en vorm linten wanneer ze worden opgetild. Klop het chocolademengsel erdoor.
d) Giet het beslag in de voorbereide pan. Plaats de pan op een zware bakplaat.
e) Bak totdat de randen opzwellen en lichtjes barsten, maar het midden nog niet volledig is uitgehard (ongeveer 1 uur). Bak niet te lang (de cake wordt hard als deze afkoelt). Breng over naar een rek en laat afkoelen. Dek af en zet een nacht in de koelkast.
f) Laat een klein scherp mes rond de zijkanten van de cakevorm lopen om los te maken. Laat de zijkanten voorzichtig los. Leg op een schaal en serveer in kleine porties.

83.Engelse room Bevroren Yogurt

INGREDIËNTEN:
- 2 eetlepels water
- 1 theelepel ongearomatiseerde gelatine
- 3 ons Halfzoete chocolade, grvan gehakt
- ¾ kopje magere melk
- ¼ kopje lichte glucosestroop
- ¼ kopje suiker
- 3 eetlepels Bailey's Engelse roomlikeur
- 1 kopje gewone magere yoghurt, geroerd
- 1 Eiwit
- ⅓ kopje water
- ⅓ kopje magere melkpoeder

INSTRUCTIES:
a) Meng in een kleine pan 2 eetlepels water en gelatine: laat 1 minuut staan. Roer op laag vuur tot de gelatine oplost; opzij zetten. Meng chocolade, melk, glucosestroop en suiker in een medische pan.

b) Kook en klop op laag vuur tot het mengsel glad is. Roer het opgeloste gelatinemengsel erdoor; koel. Voeg Engelse room en yoghurt toe.

c) Klop het eiwit, ⅓ kopje water en magere droge melk stijf maar niet droog. Spatel door het yoghurtmengsel. Vries in in de ijsmachine volgens de instructies van de fabrikant; van volg de eerder geplaatste instructies voor de koelkast en vriezer.

d) Een vleugje Engelse room gaat samen met chocolade voor een verrukkelijke afwisseling.

84. Engelse Creme Pompoentaart

INGREDIËNTEN:
- 1 9-inch diepe taartbodem (je eigen van bevroren)
- 1 ei, lichtgeklopt
- 1 kop Pompoen
- ⅔ kopje suiker
- 1 theelepel Gemalen kaneel
- 1 theelepel vanille
- ¾ kopje geëvaporeerde melk
- 8 ons roomkaas op kamertemperatuur
- ¼ kopje suiker
- 1 ei
- 1 theelepel vanille
- 1 eetlepel Baileys Engelse Creme

INSTRUCTIES:
a) Verwarm de oven voor op 400D.
b) Voor de pompoenvulling: combineer alle ingrediënten tot ze goed gemengd en glad zijn.
c) Opzij zetten. Voor de crèmevulling klop je kaas en suiker tot een gladde massa.
d) Voeg het ei toe en klop tot het goed is opgenomen. Voeg vanille en Engelse crème toe en mix tot een gladde massa.
e) Samenstellen: Giet de helft van het pompoenmengsel in de taartvorm. Schep de helft van het crèmemengsel op de pompoen. Herhaal met de resterende vulling.
f) Draai er voorzichtig een mes doorheen om een marmereffect te creëren. Bak op 400 gedurende 30 minuten.
g) Verlaag de temperatuur tot 350D en bedek de randen van de korst als deze te snel bruin wordt.
h) Bak nog eens 30 minuten. De taart moet in het midden gezwollen zijn en mag aan de bovenkant een van twee scheuren vertonen.
i) Haal uit de oven en laat volledig afkoelen. Het kan worden gekoeld en slagroom erover worden gladgestreken.

DRANKJES

85. Pimm's beker

INGREDIËNTEN:
- 2 oz Pimm's nr. 1
- 4 oz limonade
- Komkommer plakjes
- Aardbeien plakjes
- Muntbladeren
- Ijsblokjes

INSTRUCTIES:
a) Vul een glas met ijsblokjes.
b) Giet de Pimm's No. 1 erbij.
c) Voeg de limonade toe en roer voorzichtig.
d) Garneer met schijfjes komkommer, schijfjes aardbei en muntblaadjes.
e) Roer opnieuw en geniet van de verfrissende smaak van een Pimm's Cup.

86.Vlierbloesem Fizz

INGREDIËNTEN:
- 2 oz vlierbloesemsiroop
- 4 oz bruisend water
- Ijsblokjes
- Citroentwist (voor garnering)

INSTRUCTIES:
a) Vul een glas met ijsblokjes.
b) Giet de vlierbloesemsiroop erbij.
c) Vul aan met bruiswater.
d) Roer voorzichtig om te combineren.
e) Garneer met een vleugje citroen.

87.Gin-tonic met een twist

INGREDIËNTEN:
- 2 oz jenever
- 4 oz tonisch water
- jeneverbessen
- Sinaasappelschil (voor garnering)
- Ijsblokjes

INSTRUCTIES:
a) Vul een glas met ijsblokjes.
b) Giet de jenever erbij.
c) Voeg tonicwater toe en roer voorzichtig.
d) Garneer met enkele jeneverbessen en een vleugje sinaasappelschil.
e) Nip en geniet van de verbeterde Gin en Tonic-ervaring.

88.Zwarte bes hartelijke sterretje

INGREDIËNTEN:
- 2 oz zwarte bessenlikeur
- 4 oz frisdrankwater
- Verse zwarte bessen (ter garnering)
- IJsblokjes

INSTRUCTIES:
a) Vul een glas met ijsblokjes.
b) Giet de zwarte bessensiroop erbij.
c) Vul aan met sodawater en roer voorzichtig.
d) Garneer met verse zwarte bessen.
e) Geniet van de levendige en bruisende Blackcurrant Cordial Sparkler.

89.Earl Grey Martini

INGREDIËNTEN:
- 2 oz jenever
- 1 oz Earl Grey thee (afgekoeld)
- 0,5 oz eenvoudige siroop
- Citroentwist (voor garnering)
- Ijsblokjes

INSTRUCTIES:
a) Zet een kopje Earl Grey-thee en laat het afkoelen.
b) Vul een shaker met ijsblokjes.
c) Voeg gin, gekoelde Earl Grey-thee en eenvoudige siroop toe aan de shaker.
d) Goed schudden en uitschenken in een martiniglas.
e) Garneer met een vleugje citroen.

90.Engelse kvanfie

INGREDIËNTEN:
- 1½ oz. Bushmills Black Bush Engelse whisky
- ½ oz. simpele siroop
- 2 scheutjes sinaasappelbitter
- GARNERING: sinaasappeltwist

INSTRUCTIES:
a) Roeren.
b) Zeef het in een rotsglas over vers ijs. Garneer met oranje twist.

91. Campbell's gember

INGREDIËNTEN:
- 1½ oz. Bushmills Black Bush Engelse whisky
- 4 Oz. gemberbier
- GARNERING: partje limoen

INSTRUCTIES:

a) Voeg Bushmills Black Bush English Whiskey toe aan een met ijs gevuld Collins-glas.

b) Top af met gemberbier. Garneer met limoenpartje.

92.Klassieke Engelse kvanfie

INGREDIËNTEN:
- ¼ kopje gekoelde slagroom
- 3 theelepels suiker
- 1⅓ kopje Hete, sterke kvanfie
- 6 eetlepels Engelse whisky

INSTRUCTIES:
a) Doe de slagroom en 2 theelepels suiker in een middelgrote kom. Klop tot de room stevige pieken vertoont. Zet de crème maximaal 30 minuten in de koelkast.
b) Verwarm 2 Engelse kvanfieglazen (kleine glazen mokken met handvatten) van hittebestendige glazen met steel door er zeer heet water in te laten lopen. Droog snel.
c) Doe ½ theelepel suiker in elk warm glas. Giet hete kvanfie erbij en roer om de suiker op te lossen. Voeg aan elk 3 eetlepels Engelse whisky toe. Schep gekoelde room over de kvanfie in elk glas en serveer.

93.Kvanfie-eierpunch

INGREDIËNTEN:
- 2 liter Gekoelde Advocaat
- ⅓ kopje bruine suiker; stevig verpakt
- 3 eetlepels Instantkvanfiekorrels
- ½ theelepel kaneel
- ½ theelepel Nootmuskaat
- 1 kopje Engelse whisky
- 1 liter kvanfie-ijs
- Gezoete slagroom
- Vers geraspte nootmuskaat

INSTRUCTIES:
a) Combineer advocaat, bruine suiker, oploskvanfie en kruiden in een grote mengkom; klop op lage snelheid met een elektrische mixer tot de suiker oplost.
b) Chill 15 minuten; roer tot de kvanfiekorrels oplossen en roer de whisky erdoor.
c) Dek af en laat minstens 1 uur afkoelen.
d) Giet het mengsel in een punch bowl van in individuele kopjes en laat voldoende ruimte over voor het ijs.
e) Schep het ijs erin.
f) Garneer elke portie naar wens met slagroom en nootmuskaat.

94.Kahlua-kvanfie

INGREDIËNTEN:

- 2 oz. Kahlua van kvanfielikeur
- 2 oz. Engelse whisky
- 4 kopjes warme kvanfie
- 1/4 kop Slagroom, opgeklopt

INSTRUCTIES:

a) Giet een halve ounce kvanfielikeur in elk kopje.
b) Voeg een halve ounce Engelse whisky toe aan elke kop.
c) Giet er vers gezette hete kvanfie bij en roer.
d) Schep er twee volle eetlepels slagroom bovenop.
e) Serveer warm, maar niet zo heet dat je lippen verschroeien.

95.Bailey's Engelse cappuccino

INGREDIËNTEN:
- 3 ons. Bailey's Engelse Crème
- 5 oz. Hete kvanfie -
- Ingeblikte desserttopping
- 1 scheutje Nootmuskaat

INSTRUCTIES:

a) Giet Bailey's English Cream in een kvanfiemok.

b) Vul met hete zwarte kvanfie. Werk af met een enkele spray desserttopping.

c) Bestrooi de desserttopping met een scheutje nootmuskaat

96.Goed oud Engels

INGREDIËNTEN:
- 1,5 ounce Engelse roomlikeur
- 1,5 ounce Engelse whisky
- 1 kop warme gezette kvanfie
- 1 Eetlepels slagroom
- 1 scheutje nootmuskaat

INSTRUCTIES:

a) Combineer Engelse room en The English Whisky in een kvanfiemok.

b) Vul mok met kvanfie. Top af met een toefje slagroom.

c) Garneer met een snufje nootmuskaat.

97.Bushmills kvanfie

INGREDIËNTEN:
- 1 1/2 ounces Bushmills Engelse whisky
- 1 theelepels bruine suiker (optioneel)
- 1 scheutje Crème de menthe, groen
- Extra sterke verse kvanfie
- Slagroom

INSTRUCTIES:
a) Giet de whisky in een Engelse kvanfiekop en vul deze tot 1/2 inch vanaf de bovenkant met kvanfie. Voeg naar smaak suiker toe en meng. Werk af met slagroom en besprenkel met crème de menthe.
b) Doop de rand van het kopje in suiker om de rand te bedekken.

98.Zwarte Engelse kvanfie

INGREDIËNTEN:
- 1 kopje sterke kvanfie
- 1 1/2 oz. Engelse whisky
- 1 theelepels suiker
- 1 Eetlepels Slagroom

INSTRUCTIES:

a) Meng kvanfie, suiker en whisky in een grote magnetronbestendige mok.

b) Magnetron op hoge stand 1 tot 2 minuten . Top met slagroom

c) Voorzichtig bij het drinken, het kan even duren om af te koelen.

99.Rum-kvanfie

INGREDIËNTEN:
- 12 oz. Versgemalen kvanfie, bij voorkeur chocolademunt van Zwitserse chocolade
- 2 oz. Van meer 151 Rum
- 1 Grote schep slagroom
- 1 ons. Baileys Engelse Crème
- 2 Eetlepels Chocoladesiroop

INSTRUCTIES:
a) Maal de kvanfie vers.
b) Brouwen.
c) Doe de 2+ oz in een grote mok. van 151 rum op de bodem.
d) Giet de hete kvanfie tot 3/4 van de hoogte in de mok.
e) Voeg de Bailey's English Cream toe.
f) Roeren.
g) Bestrijk met de verse slagroom en besprenkel met de chocoladesiroop.

100.Whisky-schieter

INGREDIËNTEN:
- 1/2 kopjes magere melk
- 1/2 kopjes gewone magere yoghurt
- 2 theelepels suiker
- 1 theelepels Instantkvanfiepoeder
- 1 theelepel Engelse whisky

INSTRUCTIES:
a) Doe alle ingrediënten in een blender op lage snelheid.
b) Meng totdat je de ingrediënten kunt zien zijn in elkaar verwerkt.
c) Gebruik een hoog schudglas voor de presentatie.

CONCLUSIE

Nu we onze culinaire reis door 'De complete regionale keuken van Engeland' afsluiten, hopen we dat je de rijkdom en diversiteit van het Engelse culinaire aanbod hebt ervaren. Elk recept op deze pagina's is een eerbetoon aan de unieke smaken, traditionele gerechten en regionale specialiteiten die al generaties lang de Engelse tafels sieren - een bewijs van de beproefde en authentieke recepten die de gastronomische identiteit van het land bepalen.

Van u nu heeft geproefd van de warmte van Cornish pasteitjes, de luchtigheid van Yorkshire puddingen heeft omarmd, van zich heeft overgegeven aan zoete lekkernijen geïnspireerd door regionale baksels, wij vertrouwen erop dat deze recepten uw waardering voor de diverse en geliefde smaken van de Engelse keuken hebben aangewakkerd. Moge De complete regionale keuken van Engeland, afgezien van de ingrediënten en technieken, een bron van inspiratie worden, verbinding maken met traditie en een viering van de vreugde die bij elk authentiek gerecht hoort.

Terwijl u de wereld van de Engelse regionale keuken blijft verkennen, mag dit kookboek uw vertrouwde metgezel zijn, die u door een verscheidenheid aan recepten leidt die de rijkdom en diversiteit van het Engelse culinaire erfgoed laten zien. Hier is het genieten van de authentieke smaken van elke regio, het opnieuw creëren van beproefde gerechten en het omarmen van de verrukkingen die bij elke hap horen. Veel kookplezier!

www.ingramcontent.com/pod-product-compliance
Lightning Source LLC
Chambersburg PA
CBHW050147130526
44591CB00033B/1048